英語界の巨人・
斎藤秀三郎が伝授する

英語達人への道

The Road to Becoming an English Master

大川隆法
Ryuho Okawa

まえがき

先人、しかも達人の話に耳を傾けることは、時代を超えた喜びであり、幸福である。

本書に登場する斎藤秀三郎《さいとうひでさぶろう》氏も、海外に留学することもなく、「英和」や「和英」の辞典を書かれた明治・大正期の英語学界の巨人である。その猛勉強ぶりはすさまじく、娘の結婚式に出てくれるとは誰も信じなかったほどだという。

私自身も勉強と仕事に何十年も打ち込んで、親の死に目にも会えず、兄弟や親《しん》戚《せき》の葬式にも出なかった。というよりも、「来るはずもないので、知らせる必要もない。」と、ことごとく遺言《ゆいごん》されていた始末《しまつ》である。これが本の出版点数で世界ギネス記録を持つ男の隠された正体《しょうたい》でもある。

今、私は、世界各地で英語で説法し、TVなどでも生中継され、説法そのものが英語の本で出版されている。英語の専門家ではないので市販はしていないが、教団内では、英語の参考書も百数十冊書いている。本書は、「使える英語」を求め続けてきた、こんな私にとっても、インスピレーションを与え続けてくれる一冊である。

二〇一三年　七月三十日

幸福《こうふく》の科学《かがく》グループ創始者兼総裁《そうししゃけんそうさい》　大川隆法《おおかわりゅうほう》

英語界の巨人・斎藤秀三郎が伝授する 英語達人への道　目次

英語達人への道

英語界の巨人《きょじん》・斎藤秀三郎《さいとうひでさぶろう》が伝授する

二〇一二年一月二十三日　斎藤秀三郎の霊示《れいじ》
東京都・幸福の科学 教祖殿《きょうそでん》 大悟館《たいごかん》にて

4

英語力を高める具体的方法　48

5 「本物の英語」を身につけるために

6　英語が苦手な人へのアドバイス　95

「霊言現象《れいげん》」とは、あの世の霊存在の言葉を語り下ろす現象のことをいう。これは高度な悟《さと》りを開いた者に特有のものであり、「霊媒現象《れいばい》」（トランス状態になって意識を失い、霊が一方的にしゃべる現象）とは異なる。

なお、「霊言」は、あくまでも霊人の意見であり、幸福の科学グループとしての見解と矛盾《むじゅん》する内容を含《ふく》む場合がある点、付記しておきたい。

英語界の巨人《きょじん》・斎藤秀三郎《さいとうひでさぶろう》が伝授する

英語達人への道

二〇一二年一月二十三日　斎藤秀三郎の霊示《れいじ》

東京都・幸福の科学　教祖殿《きょうそでん》　大悟館《たいごかん》にて

斎藤秀三郎《さいとうひでさぶろう》（一八六六〜一九二九）

英語学者、教育者。仙台藩《せんだいはん》（宮城《みやぎ》県）生まれ。幼少期より辛未館《しんびかん》（仙台藩の英学校）や宮城英語学校で学び、工部《こうぶ》大学校（現・東京大学工学部）に入学するも中退、仙台で英語塾《じゅく》を開く。その後、岐阜《ぎふ》中学校等の勤務を経て、第一高等学校教授となる。一八九六年、神田錦町《かんだにしきちょう》に正則《せいそく》英語学校（現・正則学園高等学校）を創立して校長に就任、英語教育等で優《すぐ》れた業績を残した。

質問者　※質問順

武田亮《たけだりょう》（幸福の科学副理事長 兼《けん》 宗務《しゅうむ》本部長）

斉藤愛《さいとうあい》（幸福の科学理事 兼 宗務本部学習推進室室長）

仲村真里依《なかむらまりえ》（幸福の科学宗務本部学習推進室部長）

［役職は収録時点のもの］

1　斎藤秀三郎《さいとうひでさぶろう》氏に「英語勉強法」を訊《き》く

英語力強化のため、「英語達人」に学ぶ

大川隆法　今、英語で悩《なや》んでいる方は大勢いることでしょう。

当会では、幸福の科学学園や仏法真理塾《ぶっぽうしんりじゅく》「サクセス№1《ナンバーワン》」等において、英語学習に力を入れていますし、社会人の方たちも、国際伝道をするに当たっては、英語力強化が必要なため、熱心に英語学習に取り組んでいます。

まあ、「王道はない」と思うのですが、少なくとも、「達人と言われたような人がいたら、その人から学ぶ」という態度は大事かと思います。

私なりに思いつくこともあるのですが、やはり、すでに実績のある方の学習法

を勉強したほうがよいのではないかと思われます。

中公新書に、斎藤兆史《さいとうよしふみ》氏の書いた、『英語達人列伝』という本があり、明治以降の日本人の「英語達人」として、新渡戸稲造《にとべいなぞう》、岡倉天心《おかくらてんしん》、斎藤秀三郎《さいとうひでさぶろう》、鈴木大拙《すずきだいせつ》、幣原喜重郎《しではらきじゅうろう》、野口英世《のぐちひでよ》、斎藤博《さいとうひろし》、岩崎民平《いわさきたみへい》、西脇順三郎《にしわきじゅんざぶろう》、白洲次郎《しらすじろう》の十人が出てきます。

新渡戸稲造、岡倉天心、鈴木大拙は、私が若いころから目標にしていた人物です。日本人でありながら、英語で十分に外国人と渡《わた》り合えただけではなく、英語で著書も書けた方たちです。

このうち、鈴木大拙は宗教家でもあるので、「英語ができたため、禅《ぜん》を世界に広げることができた」ということは、若いころから、かなりの〝重《おも》し〟として私の頭の上に載《の》っていました。「英語の語学力が高く、外国人に英語で禅を教えることができた。その語学力が禅を世界に広める力になった」というのは大きなことだと思います。

語学力が一定のレベルを超《こ》えなければ、どうしても、そこまでは行かないのですが、そのくらいのレベルまで行く日本人は、なかなかいません。

英語で本を書けている日本人には、だいたい、外国人と結婚《けっこん》した人が多く、家で英会話ができ、本を書く際には奥《おく》さんに手伝ってもらえたのかもしれません。ある程度以上の環境《かんきょう》がないと、日本人が英語で本を書くことはできないようです。

明治・大正期の日本における「英語学の巨人《きょじん》」、斎藤秀三郎

大川隆法　『英語達人列伝』には、こういう人たちに交じって、「斎藤秀三郎」という人が出てきます。一八六六年、明治維新《いしん》の直前に生まれ、昭和の初期に亡《な》くなられた方ですが、明治・大正期の日本における「英語学の巨人《きょじん》」の一人です。

この時代に辞書をつくるのは大変だったと思いますが、この方は『熟語本位英

和中辞典』や『斎藤和英大辞典』などを書いています。

ものすごい勉強家であり、この方の娘《むすめ》は、自分の結婚式に父親が出席するかもしれないと聞いたとき、「信じられないことだ」と狂喜《きょうき》したらしいのです。「お父さんが来るはずはない。娘の結婚式に出る時間など、惜《お》しいに違《ちが》いない。そんな暇《ひま》があったら、英語の勉強をし、辞書でもつくっていたほうがよいはずだ」と娘が考えていたぐらいの方なのです。

また、この人は、英語の勉強で、あまりにも座《すわ》り続けたため、痔《じ》を患《わずら》い、六十三歳《さい》のときに直腸癌《がん》で亡くなられました。

この方の気持ちは、私には、とてもよく分かります。

なお、当時の日本には、すでに外国人の教師が来ていて、この方は幼少期から十年ぐらい外国人に英語を教わったようではありますが、生涯《しょうがい》で一度も洋行《ようこう》をしたことはありません。

若いころには中学校（旧制）で英語教師を務めていたのですが、校長から、「英語教師の資格試験を受けたらどうだ」と言われ、「いったい誰《だれ》を試験しようとしているのですか」というようなことを言ったそうです。

後年、正則《せいそく》英語学校というものを創立し、校長になりましたが、「外国人の英語教師を採用する際、自分が面接に当たった」という方で、英語に関しては、そうとうな実力者です。

『英語達人列伝』の八番目に出てくる岩崎民平は、私も若いころに勉強した『新英和大辞典』等を編纂《へんさん》した人ですが、新米《しんまい》教師のころ、斎藤秀三郎の講義を聴《き》きに行き、ノートを取らずにいたところ、「わしの話をノートに取らないとは何事か。うぬぼれるにも程《ほど》がある」と怒《おこ》られたそうです。

斎藤秀三郎は、そのくらいの自信家です。旧制一高で英語の教授をしたこともあります。まあ、セルフヘルプ（自助努力）の方だと思います。

英語力に関し、私は安易な妥協《だきょう》をしたくない

大川隆法　明治以降に日本の英語学をつくった先人たちには、十分に偉《えら》い方、努力の方が多いのではないかと思います。私は、若いころから、「何とかして、こういう人たちに追いつきたい」と考えていました。

こういう人たちには、とても及《およ》びもつかないのですが、私は、二十代の半ばにアメリカへ行き、アメリカ人が英語でつくった貿易書類を添削《てんさく》したりしました。そのアメリカ人は、十年以上も、そういう書類をつくってきていた人でしたが、私は、その人のつくった書類を添削し、書類をつくり直させていたのです。

「そのプライドや知るべし」というようなものでしょうが、「日本人ごときに直されてたまるか」と向こうが思っている書類を、私は添削して、「打ち直し」を指示し、書類を突《つ》き返していたわけです。

「ずいぶん小生意気《こなまいき》な男ではあろうな」と自分でも思いますが、そういうことをするに当たっては、いちおう、それをするだけの自信、すなわち、過去の勉強に基《もと》づく自信がなければいけません。

普通《ふつう》、大学の英文科などの学生が卒論を書くときには、英語で書いたあと、外国人に目を通してもらい、英語表現の誤り等を直してもらいます。それは大学院でも同じです。修士論文や博士論文でも、書いたものを外国人に見せ、直してもらい、それを清書して出すのが普通です。

しかし、私は、若いころ、逆に、外国人の書いた英語の書類を添削していたのです。

したがって、志だけは十分に遠くまで行っていたと思います。必ずしも実力は伴《ともな》っていなかったかもしれませんが、英語の書類のミスが分かるような目は持っていたと思うのです。英語の書類をチラッと見ただけで、「ここが違う」とパシッと言えるようなところがあったので、多少、こうした人（英語達人）に近い感性を持っていたのかもしれません。

私は、今でも、英語に関する実力試《だめ》しを、ずっとやらされているような状況《じょうきょう》であり、英語で伝道をしたり、英語の学習教材をつくったりもしています。

もちろん、こうした専門家とは違うので、実力には、まだまだ足りないものがあると思いますが、新渡戸稲造や鈴木大拙あたりは超えたいと思っています。

つまり、「国際人として認められるには、英語力において、ネイティブを納得《なっとく》させられるレベルまで行かなくてはならず、生半可なところでは、とうてい済まない」と思っているのです。そういう意味では、「安易な妥協《だきょう》はしたくない」と考え、今も、いろいろと努力しています。

英語達人、斎藤秀三郎を招霊《しょうれい》する

大川隆法　英語学習については、十代から大人まで、いろいろな年代の人が悩みをたくさん持っていると思います。

今日の質問者たちは、英語の達人に近い勉強をした人たちであろうと思いますが、凡百《ぼんぴゃく》の悩める衆生《しゅじょう》に代わって、この恐《おそ》ろしい「英語の巨人」から、英語の勉強法についてヒントを引き出すことができれば、それで結構かと思います。そういう凡人に成り代わって訊《き》いてくだされば幸いです。

一時間や一時間半で英語力を上げるのは大変なことです。英語勉強法を教えられても、簡単に上がるものではないのですが、心構えや考え方を学び、それを持ち続けていけば、いろいろなことを達成できるようになるので、今日は、そのへんを学んでみたいと考えています。

私は、過去、斎藤秀三郎氏の霊《れい》とは話をしたことがないのですが、今回、必要性を感じて、『英語達人列伝』以外にも、この方の分厚い伝記を読みました。どんな人なのでしょうか。（質問者に）呼んでみて、怖《こわ》い人だったら、許してくださいね。もしかしたら、怖い人かもしれません。

辞書をつくる人は、おそらく、普通の人ではないでしょう。普通ではない集中力を持って、パシパシッ、パシパシッと斬《き》ってくるかもしれません。

また、英語学校を自分でつくった方なので、そうとうなパイオニアであり、巨人でしょう。「知の巨人」だろうと思います。

みなさんが訊く質問は、この方のレベルには、まだはるかに届かないレベルかもしれませんが、できるだけ質問を一般《いっぱん》化、普遍《ふへん》化して、ほかの人も使えるような内容にしたいと思います。

それでは呼んでみます。

（合掌《がっしょう》し、瞑目《めいもく》する）

明治・大正期の日本の英語界における大御所《おおごしょ》にして、「英語達人」と言われる、斎藤秀三郎さんを招霊《しょうれい》いたします。

斎藤秀三郎の霊よ、どうか、幸福の科学　教祖殿《きょうそでん》　大悟館《たいごかん》にご降霊くださり、「英語は苦手だ」と言って苦しんでいる、悩める衆生のために、英語力をアップする、英語学習の方法等をお示しください。彼らの目を開《ひら》かせる方法等を教えてくだされば幸いです。

斎藤秀三郎の霊、流れ入《い》る。

斎藤秀三郎の霊、流れ入る。

斎藤秀三郎の霊、流れ入る。

（約十秒間の沈黙《ちんもく》）

2 「日本の英語教育」について思うこと

今の日本では、英書を読む必要に迫《せま》られることが少ない

斎藤秀三郎　オホン（咳払《せきばら》い）。

武田　おはようございます。

斎藤秀三郎　うん。ああ。

武田　斎藤秀三郎先生でいらっしゃいますでしょうか。

斎藤秀三郎　ああ、そうだ。

武田　初めてお目にかかります。

斎藤秀三郎　うん。日本語で訊《き》くのか。

武田　はい。日本語でお願いしたいと思います。

斎藤秀三郎　しょうがないな。日本人だから、許してやる。

武田　斎藤先生が幸福の科学　教祖殿《きょうそでん》　大悟館《たいごかん》にお越《こ》しくださり、私《わたくし》たちに「英語達人への道」と題してお話しくださいますことを、本当にありがたく思っております。本日は、どうぞ、よろしくお願いいたします。

斎藤秀三郎　まあ、英語の学習を勧《すす》めることは、いいことだよ。とってもいいことだ。

武田　斎藤先生は、現代の日本の様子を、ご存じでしょうか。

斎藤秀三郎　多少は分かっているけどね。私らのころに比べれば、英語は普及《ふきゅう》し、多くの人が勉強するようにはなった。その意味では、裾野《すその》が広がって、いいんじゃないかとは思う。でも、一定以上のレベルまで行っている人の数は少なくなったかな。

明治期には、洋行《ようこう》する人もいたが、国内では、外国人が直接に授業をしないかぎり、（欧米《おうべい》の学問等を）学べないため、英書が読めなければ、何の情報も取れなかった。今みたいに翻訳《ほんやく》が溢《あふ》れている時代ではなかったからさ。私も、ほんと、三年で数千冊ぐらい英語の本を読む努力をしたものだ。

一方、今の人たちの場合、日本語訳で読めるようになった分、「必要に迫《せま》られて英書を読む」という面が減ってはいる。

そういう意味では、もう一段、気合を入れなければいかんところはあるかもしれんな。

武田　そうですね。

日本人の英語習得には「人工的努力」が必要

武田　日本人の場合、中学生以降、六年間や八年間、学校で英語を学ぶ人がほとんどですが、海外旅行はできても、英語を使って仕事ができ、例えば、外国人を説得するレベルまで行く人は少ないのが現状です。

今の日本の英語教育システムについて、何かご意見はございますか。

斎藤秀三郎　確かに、（学校で学ぶ）科目が多いからねえ。幾《いく》つか、ほかの科目の勉強もしなければいかんのだろう？　だから、もちろん、英語だけをやってはいられないところがあるだろうね。

そりゃ、本当に英語で飯《めし》を食っていけるレベルまで行こうと思えば、一日中、英語をやらなければいけないのは当然だね。だけど、実際には、社会も理科も国語も勉強することが多いからね。また、学者にも、「学問をやりながら、英語の勉強をやっている」という、中途半端《ちゅうとはんぱ》なところがあるよな。だから、同情の余地はあると思うよ。

ただ、いろいろな範囲《はんい》のことを幅《はば》広く知っているのも、教養人としては大事だけども、「一つの道を究《きわ》める」という考えも大事だよな。

特に、われわれ日本人にとっては、英語を究めるのは、やはり、そんなに簡単なことではないだろう。自然状態では、英語学習は、まったく進まない。

看板に書かれている英語を、たまに見るとか、テレビ番組に出てくる人が、たまに英語を少し日本語のなかに交ぜたとき、その単語を聞いて、「あれは、どういう意味か」と訊くとか、その程度が自然状態なので、自然状態で英語ができるようにはならない。

そのため、人工的努力が必要であることは事実だ。

頭がよかろうが、悪かろうが、天才であろうが、なかろうが、やらないものは、できるようにならない。これは確実だし、出発点だな。

日本では、英語をやらんで済むものだから、やらないわけだね。

もちろん、日本語ができないと、生活できないし、あらゆる学習のスタートを切れないから、日本語は誰《だれ》にだって要求される。だから、普通の日本人であれば、外国人には「達人」と思えるレベルまで、日本語が使いこなせてしまうわけですよ。必要に迫られれば、人間は、そうなるわけだ。

しかし、英語という言葉や学問には、それだけの必要に迫られることが、なかなかないからね。

ただ、今、企業《きぎょう》が、会社を国際化しようとして、国際的に活躍《かつやく》できる人をつくろうとし、（社員の英語力の）レベルを上げようとしてはいるけどね。

そういう意味では、そうずっと上ではないが、中《ちゅう》の上《じょう》ぐらいの英語力を持った人は、昔に比べれば、すごく増えてはいると思うよ。

韓国《かんこく》や中国で「留学熱」「英語熱」が高い理由

武田　近年、お隣《となり》の韓国《かんこく》や中国の人々の英語力が非常に伸《の》びており、日本人より、実用的なレベルまで行く人が多いようです。日本が、さらにグローバル化し、そういう国々とも競争していくことを考えると、私たち日本人は、もう一段も二段も、英語学習にイノベーションをかけていかなくてはならないと思うのですが、いかがでしょうか。

斎藤秀三郎　日本は大国になったから、これで、もう少し人口があり国土が広かったら、日本語がメジャー化することもあったんだと思うがな。

日本語は難解な言語の一つなので、現状では世界には広がらないからねえ。

ただ、日本語は便利でもある。日本には、今、英語学習者が多く、翻訳者も多いから、日本語を知っていれば、世界の情報を、日本の国内で、だいたい取れるわけだ。

今、世界言語として、英語がいちばん便利なのは事実だろうけども、本当は、外国の人には、第二言語として「日本語」を勧めたいところだね。日本語が読めたら、世界の文化や小説、学問は、ほとんど勉強できるんだよ。

だから、日本語を第二言語ぐらいで勧めたい気はするけど、わしらが英語を難しいと思うように、日本語の学習は彼らにとって難しいらしいのでな。

日本に生まれれば、知能が普通よりかなり劣《おと》る人は別として、日本語を、ある程度、読み、書き、聞き、話すことはできるようになるから、外国の人でも、できないことはないんだろうとは思うけどね。日本語は、そういうレベルまで来ているよ。

「韓国や中国が英語をやっている」と言うけども、それには事情があるんですよ。

ハングルで、世界の情報を取ったり、海外の文化を勉強したり、学問を完成したりするのは難しい。韓国は、まだ、そこまで行《い》っていないと思う。日本のほうが研究者の層は厚いので、日本語に訳されているものは数多くあるけど、あちらではまだ無理だよね。

中国も同じだね。あそこには中華《ちゅうか》思想があり、外国の学問等を取り入れることに、それほど熱心ではなかったため、中国語だけでは勉強できないものがたくさんあるんだよな。だから、「留学熱」もあり、「英語熱」もあるけど、それは、「それだけの必要性が実際にある」ということさ。

つまり、ハングルや中国語だけでは、世界を学ぶには足りないため、英語を学び、欧米に留学ぐらいしないといけないわけだな。そのへんの事情がある。

あと、韓国や中国には、自己中というか、自分らの国中心のところもあるから、今、外国語が必要な時期に来ていると思うし、ある意味では、「英語のところで打ち勝って、国際競争でも日本に勝ちたい」という気持ちもあるのかもしらんな。日本が、「ゆとり教育」をやっているときに、向こうは、一生懸命《いっしょうけんめい》、国民を締《し》め上げて教育してきた。それで逆転してきているんだろうからな。

武田　そうですね。

3 英語に「天命」を見いだす

日本人の英語学力を上げることに「天命」を感じた

武田　お話を伺《うかが》っていまして、「やはり、英語の達人になるためには、まず、本人の『熱意』『志』というものが、非常に大切なのだ」と思いました。

斎藤先生は、学生のころ、図書館の英書をすべてお読みになるなど、「非常に努力の人であった」と伺っています。

当時、そのような志を立てられたときのお話などをお伺いしたいと思います。

斎藤秀三郎　うーん。まあ、でも、「天命」はあったと思うがな。

武田　「天命」ですか。

斎藤秀三郎　やはり、「天命」は、一つ、あったと思うよ。明治以降の文明開化を、「一つの側面から支えようとした」というか、「開こうとした」というところはあったな。

それには、「日本人の英語力を上げる」ということが、とても大事なことだったからね。つまり、「英語教育を普及《ふきゅう》させる」「日本人の英語学力を上げる」ということが、日本の開国、国際化にとっては、非常に大事なことであったわけだ。

だから、「天命」は一つ感じた。

それと、やはり、「好きだった」ということも、もちろんあったと思う。理数系の科目も好きだったけど、大を成すためには一つに集中しないと、なかなか、そこまで行かないのでね。

だから、長く続けられたのは、「好きだ」ということだろうし、「好きだ」ということは、結果的には、「才能があった」と言えるのだろう。

若者は「自分の魂《たましい》が完全燃焼する」ことに生きがいを感じよ

武田　現代の学生にとって、学生時代に「天命を感じる」ということは、なかなか難しいように思うのですが、このあたりに関して、何かアドバイスはありますか。

斎藤秀三郎　そうだねえ。まあ、価値観が外側にあるからね。だから、外側の人の評価に価値を感じることが多くて、世間《せけん》が評価してくれる学校なり、会社なり、あるいは地位なりといったもので、その人の価値も評価されがちであるのでね。

そういうことよりも、「自分の魂《たましい》が完全燃焼する」ということに生きがいを感じられる人が、若い人にいてほしいな。

今は、「世間が尊敬してくれるかどうか」というようなことが基準になっている。それが、私らの時代にはなかった「偏差値《へんさち》思考」なのかもしらんが、学校にも偏差値があるし、就職にも偏差値があるんだろう？　会社の偏差値まであるらしいけど（笑）、これは、一種の人気投票の尺度みたいなものだよな。「みんなが行きたがる」ということが基準になっていて、「みんなが行きたがるところに行きたがる」ということだろう。

けれども、われわれみたいに、何かのパイオニアになった人間というのは、必ずしも、みんながやりたがることをやりたがるわけではなくて、「みんなが嫌《いや》がることに、あえて取り組んでいく」「艱難辛苦《かんなんしんく》に挑《いど》んでいく」というところに生きがいを感じたものだからね。

だから、「できるだけ多くの人に知ってもらえるようなところにいれば安心」というような価値観もあろうかとは思うけど、やはり、もっと自分自身に厳しくならなければいかんよな。

英語のプロを目指すなら「真剣勝負《しんけんしょうぶ》」の意識を

斎藤秀三郎　例えば、大学であれば、まあ、わしも東大で教えたことがあるけども、東京大学に行けば、「学問は、ある程度できた」ということになるし、実際、入るのも大変なことなんだろうとは思う。だけど、東大に行って卒業したぐらいでは、英語ができるようになりやしないよ（会場笑）。

全然できやしないよな。読めもしないし、しゃべれもしないし、「何の試験だったんだ？」という話だ。百二十分ぐらいの試験をやったぐらいで、英語力なんか分かりはしないよ。

武田　そうですね。

斎藤秀三郎　ほとんど、テクニックや解き方ばかりを教えていて、それで、九十分内だとか、百二十分内だとか、決められた時間内に点が取れるかどうかの競争だけだろう。

でも、そんなんじゃないんだよ。英語の力というのは、何十年にもわたって試《ため》され続けるようなものだし、やはり、実戦で斬《き》り合わなければいけないものだからね。〝真剣《しんけん》〟を抜《ぬ》いて斬り合わなければいけないし、プロとして食っていくためには、やはり〝あれ〟だね……。

（斉藤に）あんた、わしの子孫じゃないだろうなあ（会場笑）。

斉藤　違《ちが》うと思います。

斎藤秀三郎　やはり、プロとして、英語仕事で食っていこうと思ったら、そう言ったって、ミスの一つも、そう簡単に許されるものではない。本当に真剣勝負《しょうぶ》だよな。

だから、そういうのから見れば、大学生の要求レベルというのは、まだ甘《あま》いと思う。まあ、ほかの科目もやっているからしかたないというか、今の大学生は、「基礎《きそ》力を満遍《まんべん》なくやっている」というレベルではあるけどね。だけど、ずっと低いんじゃないか。

ただ、昔は、今よりもずっと人数が少なかったから、レベルを比べるのは、少し気の毒かとは思う。大学に行くこと自体、百人に一人もなかなかいない時代に、選び抜かれた英才たちを、留学させたり、特別な学校で勉強させたりと、本当の英才教育をしていたから、今とは、少しエリート度が違うのでね。

例えば、夏目漱石《なつめそうせき》のように、文部省によって留学生に選ばれてイギリスへ行き、日本に帰ってきた人が、英語を教えたりしていたからね。もう、「日本のなかで、選びに選び抜かれた人に特別な教育をして、さらに、その人に教えさせる」というようなシステムだった。だから、教わる側にも、それだけのクオリティはあったわけだ。

今、外国語はたくさんあるけど、ある意味では、英語ほど、粗製濫造《そせいらんぞう》の多い教科もないと言えばないよね。つまり、「英語を教えられる」「翻訳《ほんやく》できる」「英語で仕事をしている」という人は大勢いるけど、粗製濫造の気《け》はあるよな。

「実用の学」として結びついていた理数系と英語

武田　斎藤先生の場合、「最初、理数系に進まれてから、そのあと、英語の専門のほうに入られた」と伺っているのですが、このあたりについて、何かあったのでしょうか。

斎藤秀三郎　まあ、それは、分からなかったからだよ。自分の求めているもの、魂のうずきが、どこにあるか分からなかったし、当時は、理数系というか、工学系の仕事がたくさんあったからね。

だから、本当は、洋書も、「実用の学」のものが多くて、当時は、そういう理工系の洋書の翻訳とかが非常に大事だった。建築学から始まって、医学など、いろいろと大事なものが多かったから、理数系と英語は、そんなに距離《きょり》が遠かったわけではない。西洋から学ばなければいけなかったものが多かったからね。

漢学から学べるものというのは、漢方薬とか、そんなものは幾《いく》つかあるかもしらんけど、やはり、西洋系のものは、わりに「実用の学」と結びついていたので、理系とも完全に遊離はしていなかったね。

自分に厳しく勉強し続けることで到達《とうたつ》する地点がある

武田　英語学習を本格的に始められたのは、幾つぐらいだったのでしょうか。

斎藤秀三郎　わりに早かったんじゃないか。「本格的」の意味が、ちょっと分からないけど、わりに早いうちから、英語を勉強し始めた感じはする。

でも、私は仙台《せんだい》のほうの生まれなので、そんなにいい環境《かんきょう》だったとは言えないけどもね。ただ、わりあい早かったような気がするなあ。

武田　現代では、英語学習の低年齢《ねんれい》化が進んでいるのですが、「何歳《さい》ぐらいから始めるのが、いちばん効果的か」ということに関して、何かご意見はありますでしょうか。

斎藤秀三郎　私は留学しないで、日本で独学したタイプだけどね。ただ、外人の先生に英語を教わり、その先生が熱心な人だったので、当たりがよかったこともあって、かなり学習できたところがあるし、あとは、それをもとに、自力で洋書を読んでいった口だ。

だから、凡百《ぼんびゃく》の外人が来たって、英語の教養では私に敵《かな》わなかった。まあ、そんな、「いかがわしい外人が大勢来て、日本で英語を教えている」ということに対しては、「つまんでは投げ、つまんでは投げ」という感じでやってはいたけどね。

それは、日本人でも、だいたいそうでしょう?

日本語の本を、百冊や二百冊ぐらいしか読んでいないような日本人が、堂々たる平均的日本人として通用しておるんでしょうからね。外人も一緒よ。そのレベルの人が大勢来て、偉《えら》そうに先生顔して歩いておるわけだ。まあ、一定の専門家まで行くには、ある程度の勉強は、当然してるだろうけど、そんな薄《うす》っぺらな者は、すぐに見破れるよな。

だから、英語も、いちおう、基礎を学ぶところまではやらなければいかんけど、「それからあと、どこまでやるか」ということは、やはり、「自分への厳しさ」だよな。

ただ、材料はあるので、それをずっとやり続けることで到達《とうたつ》する地点があるよ。

4　英語力を高める具体的方法

英語の基礎《きそ》とは、頭に「英語回路」をつくること

武田　今、おっしゃいました「英語の基礎《きそ》」ですが、先生は、どのようなものだとお考えでしょうか。

斎藤秀三郎　うーん。まあ、そうだね。寝《ね》ても覚めても英語を使っていれば、「英語頭《あたま》」というものができてくるよな。いちいち、そういう「英語頭」に切り替《か》えなければいけないような頭では駄目《だめ》で、やはり、（日本語よりも）英語のほうが先に出てくるような感じの頭をつくると、読むのも、書くのも、しゃべるの

も、しやすくなる。

だから、「寝転がってでも、英語が読める」というぐらいでないと駄目だし、「日本語で話しかけられたとしても、思わず英語で答えそうになる」というぐらいの感じが普通《ふつう》だ。

もっと没頭《ぼっとう》してくると、例えば、あなたから日本語で言われたことも、これが耳や頭のなかに入ってくると、英語に翻訳《ほんやく》されたかのように、英語で聞こえるぐらいまでのところにくる。今、聞いたことが日本語だったかどうかも分からなくなるところまで、頭の〝回路〟ができてくる。

このように、（英語の基礎とは）実は、〝回路〟づくりなんだよ。頭のなかに「英語回路」というものをつくらなければいけないんだ。これができていないんだよ。

もともと、そういう〝配線工事〟ができていないので、この「英語回路」を頭のなかにつくってしまえば、英語のすべてのジャンル、つまり、「読む、書く、話す」の全部のジャンルがつながってくるんだね。この回路づくりをしなければいけない。

それは、やはり、一定の量、一定の時間を勉強することで、できてくるものだね。

最初は「一千語の英単語」と「中学英文法」のマスターから

武田　では、その一定の量の勉強としては、何をするべきなのでしょうか。

斎藤秀三郎　まあ、それには多少の個人差があるだろうし、時代によって学ぶべき対象も違《ちが》うだろうし、本人が求めるレベルにもいろいろなものがあるだろう。通常の会話レベルで満足の方もいれば、専門領域まで求める人もいるから、一概《いちがい》には言えないけどもね。

基本的には、そうだねえ、「英語が分かる」と言えるためには、最初は、まず、「一千語程度」の英単語を使いこなせるようになることと、あなたがたが「中学英文法」と呼んでいる、基礎的な英文法をいちおうマスターすることだな。

そして、簡単な英会話レベルの英文なら、読んだり、しゃべったり、書いたりできるレベルまで英語ができるようになることだ。

最初のレベルは、このあたりだろうね。

武田　はい。

英語のプロとしては「十万語」を超《こ》えないと話にならない

斎藤秀三郎　もちろん、最終的に、私のように「辞典を書くレベルまで」と言ったら、それは、そんなレベルではありませんがね。語彙《ごい》も、日本語と比べて劣《おと》ることのないレベルまで行くから。

あなたがただって、「国語大辞典のどこを開いても、全部知っている単語だけが並んでいる」ということはないだろう?

武田　ないですね。

斎藤秀三郎　それは、日本人でもそうだよな。日本語ペラペラの日本人でも、国語辞典を引くときに、小さな学習用の辞典なら別だけども、大辞典にならば、知らないことがたくさん載《の》っているはずだ。

英語も、それと同じで、学習用の数万語レベルの辞典から、いわゆる大辞典のレベルまで行くと、もう、数十万語、あるいは、それ以上のレベルまである。

だから、「要求レベルをどこに置くか」ということだろうね。

ただ、私のように、辞書の編纂《へんさん》ができるぐらいのプロのレベルまで行ったり、例えば、私の『熟語本位英和中辞典』のなかに収録された例文等のように、用例を集めてつくれるところまで行くとなったら、語彙としては、やはり、「十万語単位は超《こ》えていなければ、話にならないレベル」だね。

先ほど、最初は「一千語程度」と言いましたが、最終的には「十万語を超えていないと、話にならないレベル」まで行くので、「これに、どのくらいの時間をかけて、そこまで行くか」ということについては個人差があるし、ほとんどの人はそこまで行かないのも事実だよね。やはり、専門で、それに特化していかないと、そこまでは行かないよな。

単語を「覚えるレベル」と「使いこなすレベル」の違《ちが》いとは

武田　お話を伺《うかが》っていますと、私などは、先生がおっしゃっている基礎レベルのなかで、まだ苦しんでいるような状況《じょうきょう》です。

例えば、「一千語の単語を使いこなせるようになる」ということ一つを取っても、「千の単語の意味を覚えることはできたとしても、それを使いこなせるレベルまで行くのは、容易ではない」と思います。

このあたりのレベルでも、英語力はかなり変わってくるのではないかと思うのですが、これについては、どのようにしていけばよいのでしょうか。

斎藤秀三郎　まあ、最初のレベルとして、まずは単語についている簡単な意味あたりから、いちおう覚えなければいけないけども、本当は、これだけで英語を使えるようにはならないよな。

だから、次のレベルでは、熟語のように、「単語と単語」「並べた語句」「成熟した言葉の塊《かたまり》」など、これで意味が取れるようになるための勉強がある。

その次には、そうした熟語ないし英語の成句を使って、文章を一文つくれるレベルまで行かなければいけない。文章がつくれるところまで行って、本当にその単語を使いこなせていることになる。

使う人によって意味が変わる「おはようございます」

武田　私たちは、中学生のころから教科書で英語の勉強をしているんですね。英文を丸ごと覚えたり、構文の解釈《かいしゃく》の仕方をマスターしたりということをしてきましたが、今、おっしゃったような実用性につながる学習はメジャーではないように思います。

具体的には、どのようにしたら、そのような学び方ができるのでしょうか。

斎藤秀三郎　うーん。やはり、「英語は生きている」ということを知らないといかんなあ。つまり、〝生き物〟なんだよ。

例えば、あいさつ言葉一つにしても、今日、私は、午前中に話をしているから、あなたがたのように、普通の仕事をしている人たちに対しては、「おはようございます」でいいだろう？

武田　はい。

斎藤秀三郎　ところが、同じ「おはようございます」でも、テレビ業界の人たちにとっての「おはようございます」は、スタジオに現れた時間に言ったりする言葉だし、銀座《ぎんざ》のマダムにとっての「おはようございます」は、午後六時以降の「おはようございます」だよな。

だから、銀座のマダムの「おはようございます」は、実は、「夜の六時過ぎに始まる」というシチュエーション（状況）と例文付きで、小説の一段落のように読んでいないと、誤解してしまう。

武田　そうですね。

斎藤秀三郎　それは、「朝が早《はよ》うございます」という意味ではなく、「本日ただいま、仕事にまいりました。どうぞ、ひとつよろしく」という意味だな。その意味での「おはようございます」だ。

一方、あなたがたの「おはようございます」は、「朝、早うございますね」に、少し毛が生えたような、「朝一番の仕事です」というような意味での「おはようございます」だよな。

このように、同じ「おはようございます」という言葉でも、シチュエーション次第《しだい》で、たちまち意味が違《ちが》ってくるわけだ。

英語のミッドナイトは「夜中《よなか》」ではなく「夜十二時」のこと

斎藤秀三郎　だから、英語にだって、当然、同様の違いはあるんだね。それをどういう文脈のなかで使うかによって、全然、意味が違うこともある。

例えば、あなたがたが、日本語で発想して間違いやすいものとして、“midnight《ミッドナイト》”という言葉がある。“midnight”といえば、「夜中《よなか》」と訳すので、「『夜中』なら、どうせ、夜の十時から朝の四時ぐらいまでかな」と、すぐに思うかもしれない。けれども、英米人だったら、まずは「夜十二時」を中心に発想するわけだ。

同じく、“midday”《ミッドディ》は、「昼十二時」、つまり、「正午」を中心に発想するのだけれども、それを日本語に訳すと、「日中」というように、すごく幅《はば》が広くなる。しかし、彼らの発想は「十二時」から始まるわけで、だいたい正確にその時刻を考えるんだね。

九十数パーセントの言葉は辞書を引かずに「用例」で覚える

斎藤秀三郎　やはり、用例を知ろうとしないと、言葉自体の意味が分からない。

逆に言えば、日本人であっても、幼少時から小学校にかけて言葉を覚えるときに、みんな辞書を引いて覚えているわけではないはずなんだよ。学校では、辞書の引き方を教えてくれるかもしれないし、大人になってから勉強するときにも辞書を引くことはあるかもしれないけれども、九十数パーセントのほとんどの言葉は、実は、辞書を引かずして覚えた単語なんだよ。

武田　はい。

斎藤秀三郎　それでね、辞書を引かずして覚えている単語とはいったい何かというと、用例で覚えている言葉なんだよ、用例でね。

だから、大人たちがしゃべっている言葉の用例として、「どういう流れのなかで、その言葉が使われたか」を聞いて、「こういうシチュエーションでは、こういう言葉を使うんだな」ということが分かれば、辞書を引いて厳密な意味を確かめなくとも、何か同じような状況のときに、「その言葉を使ってよい」と考えて、使う。そして、そのうち、何かの機会に、その言葉の正確な意味を把握《はあく》することもあるわけだよな。

「難しい言葉」を子供が身につけるプロセス

斎藤秀三郎　今、「把握する」という言葉を使ったけども、これは、子供には難しい言葉だろう。

ただ、例えば、親がインテリで、「把握」という言葉をよく使うような人であれば、いろいろな会話のなかで、「把握」という言葉が何回も何回も出てくるはずだ。

それらを照らし合わせていけば、何て言うか、「穴埋《あなう》めパズル」のように当てはまってきて、「意味としては、絶対にこういうかたちでしか使われない」ということが分かってくるわけだよね。

例えば、「この英語の文章の意味を、君は把握しているのか」と訊《き》かれて、「把握って何だろう。分からんなあ」と思う。あるいは、別の違うシチュエーションで、「君は、この数学の証明問題の『場合分け』の意味を把握しているのか」と訊かれるとする。

まあ、こういうふうに、その「把握」という言葉を三、四例ぐらい聞くと、「だいたい、これは、"comprehend《コンプリヘンド》"とか、"grasp《グラスプ》"とか、何か、そういう意味の言葉だろう」ということぐらいは推定がついて、自分でも使えるようになってくるね。

だから、「単語を一個一個覚える」ということも一つの方法だけども、本当は、言語学的には、「耳から入ってきた用例で覚える」ということが圧倒《あっとう》的に多いのは事実だな。

一千語以上の単語を覚えるのに必要な「文脈推理力」

斎藤秀三郎　学校の勉強では、辞書も引きながら言葉を覚えるだろうけど、大人になってからは、新聞を読むにしても、辞書を引きながら読んでいる人というのは、あまり見ないだろう？　まあ、めったにね。研究家は別かもしれないが、電車のなかであろうと、会社の昼休みであろうと、いちいち、日本語の辞書を引きながら新聞を読んでいたら、やはり笑われるだろう。

でも、本当は、「そこに書いてあるすべての言葉について、厳密に定義・説明ができるか」と言えば、それはできない。できないけれども、用例としての文脈を読んだらね、「だいたい、こういう意味だ」ということは分かるわけよ。だから、この「文脈推理力」というものは、非常に大事な力だ。

これは、英語でもまったく同じで、「文脈推理力」によって、「その文脈から見たら、こういう意味以外にありえない」という推理が働くわけよ。

そうすると、たとえ、辞書にはどのような意味が書かれていたとしても、「この文脈から見たら、これは、こういう意味以外に使うはずがない」ということがあるわけだ。つまり、辞書のそれだけでは説明が足りないこともあるんだよ。

だから、辞書のなかには単語の例文が書いてあると思うけども、やはり、単語の意味を見るだけでは、本当は足りないわけだ。例文までずーっと読み込《こ》んで、どういう使い方をするのかを見なければいけない。

ただ、（辞書をつくった）英語学者の学力が足りなければ、十分な例文が出てこない。それは、「英語の書物や新聞などを、どれほど読み込んでいるか」によるわけだ。

そういうものを読んでいる人は、その例文を抜《ぬ》き出してくるから、それによって使い方を覚えていくよな。

そういう関心の持ち方は大事だ。

「この単語を、どういう文脈で使うか」ということに対する関心を持てば、だいたいの単語は意味を“guess《ゲス》”（推測）できるわけだね。「この単語の、日本語として妥当《だとう》な意味とは、いったい何になるか」ということは、その文脈のなかから guess、推理して、意味を当てはめれば、それ以外のものがあってはならないわけだ。

まあ、実際の英語力としては、「一千語以内の単語」では、そこまでは行かないことも多いかもしれないけれども、それ以上になっていくと、そういう「文脈推理力」が非常に大事なことになってくる。

そういう意味で、最初は、まず、基本単語を覚えなければいけないけども、次には、「文脈推理力」が非常に大事になってくるので、できるだけ用例を覚えていくことが大事になるね。用例が違うと、意味が全然違ってくるからね。

英文法のマスターが「アウトプット力」を高める

斎藤秀三郎　そして、用例を覚えていく際には、やはり、文法の勉強を同時に進めていくことが大事だね。文の用例を見ているうちに、おかしく思うことがたくさんあるはずだ。「こんな使い方をするとは、おかしい。なんでだろう」と思うようなことが数多く出てくる。それで文法が必要になってくるんだ。「なぜ、こんなことがあるんだろうか」ということを説明するために文法があるわけだね。

例えば、「動詞がいちばん最初に出てくる。でも、命令文ではない。これはいったい何だろう」ということに、やはり、意味だけ調べても分からない。

そういうときに、「ああ、これは『倒置』なんだ。強調のために倒置表現になっているんだ」ということを教えるのが文法なんだな。「倒置」という概念を習うと、「ああ、強調するために、これは、わざわざこのようにしているんだな」ということが分かる。

しかし、普通に読むと、それはおかしい。まず主語が来て、次に述語が来なければいけないのに、述語のほうが先に来たり、あるいは、単なる動詞ではなく、助動詞の“do《ドゥ》”とか“did《ディッド》”とかいったものが、パッと文頭に出てきたりすることがある。

文法というのは、実は、そういう不思議な用例を説明するためにつくられてきたものなんだね。

つまり、実は、「そのままでは解釈できない英文の文例」を見て、それを解釈させるための方法として、英文法は発達してきているわけで、単純なものであれば、英文法はほとんど要《い》らない。しかし、いろいろと用例が変化するために、それを説明するのに英文法が要るんだ。

一文だけでは、英文法はつくれないけれども、類例が幾《いく》つか出てくれば、それは一つの法則として認められる。そこで、英文法が発生するわけだよね。

英文法学者で、文法を書いている人も、やはり、そういう用語を一生懸命《いっしょうけんめい》に調べているはずだ。単語から始まって、次は熟語の用例をよく調べていき、最後に、その用例から見て、一定の法則性を見破ることができたら、それを「文法」としてつくりあげていくことになる。

逆に、その文法を知っておれば、そういう英文がつくれることになるわけだ。「これを、このようにつくっても、間違いではない」ということが分かるようになるわけね。

そういう意味で、英文法を勉強してしまったら、今度は、逆に、間違っていない英語を自分でつくれることになるわけで、文法をマスターすることによって、さらに、英語のアウトプット力が増えていくようになる。

だから、日本人が英語をしゃべっていて怖《こわ》いこととしては、「文法的に間違っているのではないか」と思って、「それを言うのは怖い」ということがあるよな。だけど、英語をしゃべっていて、「文法的に間違っているのではないか」という悩《なや》みのもとは、やはり、基本的には「読解《どっかい》」の部分なんだよ。それには、長い英文を読む力もあるけど、もっと言えば、一行の英文だな。この一行の英文を正確に理解する能力が「読解」だ。

まず、「文脈推理力」をつけ、それから、「英文を正確に理解する能力」をつける。さらに、「文法発想」が必要となる。その文法発想を身につければ、文法に則《のっと》った英語を発信することができるようになるわけだね。まあ、そういうことが言えるかな。

文脈推理力を鍛《きた》えて「本物の英語力」を身につける

斎藤秀三郎　私が一つ力説しておきたいことは、「文脈の研究に重点を置いてほしい」ということだ。やはり、文脈を類推する力がつけばつくほど、英語力は高まると思われる。

確かに、英文を読むことは難しいけども、外国人がしゃべっている英会話を聞き取ることも、とても難しい。ただ、「文脈推理力」がついてくれば、彼らの言っていることも分かるようになってくるね。だから、この「文脈推理力」をつけていくことは大事です。

単語を覚えるときには、やはり、できるだけ例文を付けて覚えたほうが、実力としては急伸《きゅうしん》するね。まあ、単語だけパラパラッと覚えるほうが速いとは思うが、これは、いわゆる、地理や歴史の暗記と同じような覚え方だろう。しかし、例文まで併《あわ》せて覚えていったら、それとは少し違ってくると思うな。

さまざまな種類の英文との「接触《せっしょく》面積」を増やす

武田　では、まず、基本的な単語と英文法を理解し、覚えた上で、自分のレベルに合った文章を読み込み、用例を増やしていくようなかたちで進めていけばよいのでしょうか。

斎藤秀三郎　うーん。まあ、あとは、やはり、いろいろな種類の文章に接しないといけないな。そういう〝面積〟を増やしていかなければならない。

いろいろな種類の文がある。会話の文体とエッセイとは違うし、小説も違うし、“scientific《サイエンティフィック》”（科学的）な文章もあるしね。そういう違いを読み分けていく必要はあるな。

「多聴《たちょう》」の教材に交じっているスラングには要注意

武田　現代では、「多読」と「多聴《たちょう》」という学習法も流行《はや》っているようですが、何かご意見はありますでしょうか。

斎藤秀三郎　確かに、「多聴」が無駄だとは言わないよ。幼時からの言語能力の発達過程を見れば、ほとんど、意味の分からない言葉をとにかく聴《き》いて聴いて、身につけていくものだ。親の会話から、テレビ、学校での会話など、いろいろと聴いて覚えていくものだからね。だから、「多聴」自体が無駄だとは思えない。

ただ、「雑語《ざつご》」というかねえ、そういう下世話《げせわ》な言葉ばかりが頭に入る場合もありえるので、そちらが入りすぎた人は、正式な学問をやった人の英語とぶつかったときに、未熟さがバレるよな。

例えば、「映画で英語の勉強をする」という方法だって、確かにあると思うけれども、映画のなかにはスラング（俗語《ぞくご》）が満ち満ちているだろう？　だから、それを丸暗記していると、言ってはならない所で、とんでもないスラングを使ってしまうことがある。

ビジネスなど、公式の場では絶対に使わないような言葉があるけども、映画のなかには、そういう表現が幾らでも出てくるので、聴いて覚えるだけだと、つい使ってしまう。だから、使う場所を分けられるだけの知力が必要なんだ。

　このように、聴いただけでそのまま覚えてしまうので、やはり、〝聴くだけの英語〟には危険度がある。「親が言っていた」「親戚《しんせき》が言っていた」「友達が言っていた」「先生が言っていた」「テレビで言っていた」ということで、覚えてしまっている。

　やはり、もう一度、学校的な勉強や、文法の勉強、作文の勉強等、「正式な英語」というものを勉強した上で、フィルタリング（選別）をかけないといけないわけだな。

「立場相応の英語」を使えないと品性が疑われる

斎藤秀三郎　まあ、俗語には少々要注意かな。俗語をたくさん知っていることが、「英語達人」ではないのでね。

フォーマルな場で話す宗教家が、例えば、みなさまを説得したり、キリストの教えについて説いたりしているときに、とんでもない俗語が交ざったりしたら、みんな、それによって品性を疑ってくるようなことは、当然ありますよね。

まあ、そういうことを、きちんと分けられることが必要です。そこまで行くと、なかなか勉強は難しいね。「多聴」だけで済むものではないわけだ。

多聴教材のなかには、そうした俗語に溢《あふ》れたものもかなりある。まあ、それも会話の一つではあるので、意味が分かることは大事かとは思うけど、「分かっていても、自分は使ってはいけない」というものもあることを、やはり、知ってなければいけないね。

例えば、先生の立場にあるような人が使ってはいけない英語というものがある。その人が使っている英語を聴けば、どの程度の学問をやったのか、完全に分かってしまう。その英語を聴いて判断されるので、気をつけなければいけない。

例えば、「大統領候補」というような人の使う英語が、とんでもない英語だったら、それだけで、ガーンと支持率が下がってくる。

それは、日本語でも同じだろうね。総理を目指すような人、あるいは総理になった人が使った日本語の言葉が不適切だったら、糾弾《きゅうだん》されることがあるよな。それだけの厳密度が要求されてくるからね。それだけ、言葉のセンスが洗練されてこないと、やはり、最後には、「本物」にならないところがあるよな。

要するに、「『みんなが使っているから』と言って、使えるものではない」ということだね。やはり、「大統領が使ってはいけない英語」「首相が使ってはいけない日本語」があるわけだ。その立場相応の言葉を覚えなければいけなくなるんだね。

センスある英語のマスターには「誰《だれ》に教わるか」が大事

武田　まずは、「教材選び」が大事なのでしょうか。

斎藤秀三郎　うーん、そうだね。まあ、これを称《しょう》して、「センス」と言うべきだろうけどねえ。センスを身につけなければいけない。

やはり、教わる相手は大事だね。「誰《だれ》に教わるか」ということはかなり大事だ。当たりがよければ、そのセンスが身につくことはあるけど、当たりが悪ければ、少々難しいところがある。

だから、幼児から英語を学び始めても、「聴く英語」が多いと思うけれども、そういう、そこで使っている英語や、教えている人の筋をよく見ないと、危ないと思うね。正確な英語がしゃべれる人のところと、そうでないところがあるから、

「英語なら何でもいい」というわけではないのでね。まあ、そのへんが大事かな。うんうん。

武田　はい、分かりました。ありがとうございます。

5 「本物の英語」を身につけるために

「高校英語」と「社会で通用する英語」にはギャップがある

斉藤　初めまして。本日はよろしくお願いいたします。

斎藤秀三郎　はい。

斉藤　私は、大学受験のあと、教養学部の時代に、斎藤兆史《さいとうよしふみ》先生（東京大学教授。前掲《ぜんけい》『英語達人列伝』著者）に習ったのですが、そのときに、斎藤秀三郎先生のことを紹介《しょうかい》されました。

そのときに、斎藤教授は、明治時代の日本人の方々が書いた英語の文章を私たちに読ませて、「あなたたちには、ここまでの英語力はないでしょう。ここまでできたのが明治時代の英語の達人の方々なんですよ」と教えてくださったのですが、私には、その英語が本当に分からなくて、すごくショックを受けた思い出がございます。

「高校の英文法が終わっても、そのあと、社会や外国の方々に通じるところまでには、かなりのギャップがあるのだな」ということを、そのときに強く感じました。

今日のテーマは、英語学習ということですが、高校の文法をひと通り終わるまでのレベルで悩《なや》まれている方と、そのあと、社会で通用するレベルのところで悩まれている方と、二通《ふたとお》りの方がいらっしゃると思います。

そこで、まず、文法の勉強がひと通り終わったあと、社会で通用する英語を身につけるために必要なことをお教えいただければと思います。

もちろん、企業《きぎょう》等で使っている英語と、明治の方々が使われていたような高尚《こうしょう》で難解な英語とでは、少し方向性が違《ちが》うかもしれませんし、今、いろいろと教えていただいた勉強方法もあるかと思いますが、「ここをやれば力がつく」というアドバイスが何かございましたら、お願いいたします。

「受験英語」は日本が独自に開発した英語学習法

斎藤秀三郎　いやあ、この百何十年かかって、日本人は、日本人独特の英語学習法を編み出してきたわけよ。それが「受験英語」だね。

最初、われわれのころは、生《なま》の英語というか、原書をそのまま読み下《くだ》すようなことからやったので、明治人がやった英語は、ある意味で難しいし、日本に来ていたインテリの教授が教えていた英語であるからね。

だから、レベルは高いし、答案も当然英語で書かせていたから、要求されるレベルは、今の、かなり下から上がってくるレベルから見れば、最初から難しかったというか、呑《の》み下《くだ》せないようなものを最初から与《あた》えられていたところがあった。それで、「すごく〝歯の力〟の強い者だけが噛《か》み砕《くだ》いて、生き延びた」というところかな。

つまり、そこまで行くだけの知力のない人間は、最初から、その門をくぐれていないわけよ。それだけ噛み砕く力がないような人は、まず、最初から入れていないんです。

だけど、大衆布教《たいしゅうふきょう》と同じで、多くの人に勉強してもらうために、受験用の参考書なるものがたくさん開発された。明治、大正、昭和、平成と、どんどん開発されて、「できるだけ容易化していく」という流れが一つにはあったと思うね。

そういう意味で、〝骨付きの生肉〟をかぶりついて食べれていた原始人のような私たちの世代から見れば、今の人たちは、それをやったらお腹《なか》を壊《こわ》してしまって、即《そく》入院になる。私たちは、その〝骨付き肉〟を、ネアンデルタール人風に、そのままかぶりついて食べておったわけよ。

あなたがたには、もう、それは、とても無理だ。〝肉〟をスライスして、ほどよく焼いて、ちゃんとソースもかけて、野菜も付けるぐらいでないと、食べられないようになっているのでね。

そういう意味で、便利になったとは思うし、この百年余りの、日本の英語学習法の確立においては、やはり、何人かの傑出《けっしゅつ》した人が出て、レベルを上げてきたのだと思う。研究者はたくさんいるけど、レベルを上げた人は、十人か二十人で、数は限られている。「高い山ができて、そのあと、それをまねする人がたくさん出て、また、高い山ができて……」という感じで出てきているので、それは、ある程度、才能と努力の賜物《たまもの》だけどね。

だから、今となっては、昔のものは古いから、もう、どうしようもないけども、ある程度、定評のあるものを使うのは、もちろん、よろしいと思います。

「受験英語」と「実用英語」との激しい論争

斎藤秀三郎　ただ、流れとしては、今、「口語英語」というものが、かなり強くなってきているのでね。

そのため、採用する側の企業などからは、「学校英語を勉強しても、『口語英語』というか、会話ができないので、役に立たない」というクレームが多くなっている。

そういう意味で、「実用英語」と言い換《か》えてもいいけど、実用英語化の流れが、この何十年かで始まってきて、学校の「受験英語」と、「実用英語」の二本立ての流れができてきたわけですけどね。

まあ、そのへんで、かなりの言論戦というか、激しい論争があったようには聞いていますが、日本の「受験英語」の学習法の確立も、やはり、一つの天才的な発明ではあります。日本人には、漢文を読み下《くだ》した過去があるからね。つまり、「中国語を日本式に読み直し、『書き下し文』にして理解してしまう」ということをやった。そういう漢学の歴史があったからね。

その歴史の流れのなかで、英語も読み下していくようなものがつくられていき、日本の、その「英文法を中心とする英語学習法」が、実際は、韓国《かんこく》や中国のほうに〝輸出〟されているわけだ。だから、あちらのほうの勉強法にも、日本の「受験英語」などの英語学習の仕方を移入して、向こうでつくり変えてやっているものが、そうとうあると思うけどね。まあ、これはこれで立派なものだと思う。

「これと『実用英語』とのギャップがある」ということだが、これは素材の問題が多いと思うんだよね。つまり、英文学の研究者たちがつくった参考書類には、その英語の素材が、主として、文学、エッセイ、人生論的なものから取ったものが多いために、ビジネスの現場で使われているような英語を素材にしてつくっていないし、逆に、そういうビジネスの現場で英語を使っているような人が、文法書を書いたり、英文解釈《かいしゃく》の本を書いたりするようなことは、あまり考えられないのでね。まあ、せいぜい、英会話の指導ぐらいまではできるけどね。

こういう意味で、ちょっと二派の流れがあり、これが混ざっていて、「日本の英語は役に立たない。文法重視の『受験英語』が問題だ」と言われているんだろう。

初期・中期・後期の三回は「文法の締《し》め直し」が必要

斎藤秀三郎　でも、過去の先人たちの業績というのは、やはり、そうとうなものであって、何百ページかの文法書を一冊仕上げることで、魔法《まほう》のように、あらゆる英文が読めるようになってくる。だから、文法書を持っている国民と、持っていない国民の差は大きいと思うね。

文法書のない国民は、自分で見て聞いた英語を拾い集めて、自分なりのものをつくる以外に方法はないんだよ。つまり、帰納《きのう》的な勉強をしているわけだけど、文法書がある国民は、演繹《えんえき》的な英語学習ができるので、「かくあるべし」の英語というのを知っているわけだ。「その規範《きはん》英文法を使った英語を、ある程度の数の人が学べるようになる」というのは、すごいことだね。

だから、英語をマスターしたければ、やはり、初期と中期、それから、後期に、文法の締《し》め直しをしなければいけないと思いますね。

初期は学校英語のレベルですが、それから、実際に社会に出て勉強しているうちに、いろいろな英語を覚えてくるだろうけれども、乱れてきますから、やはり、実際に英語を使っている中期の段階のときに、もう一回、英文法の締め直しをやらなければいけない。あとは、記憶力《きおくりょく》が衰《おとろ》えたりして、昔、勉強したことを忘れていく時期がそのうち来るので、そういうときに、もう一回、締め直しは要《い》るね。だから、英文法も三回ぐらいは締め直しが要ると思いますね。

それから、最終的には、確かに、語彙《ごい》というか、単語力の勝負になることは事実です。単語力がなければ、小説も読めないし、英字新聞も読めないし、ニュース番組を聞いても分からない。そういうことがあるので、やはり、単語力というものが、最終的には、どうしても必要になってくることは事実だね。

要するに、「文法」と「単語力」の二本が武器だね。文法と単語力を持っていることが大事で、先ほど、「外国人の英語を直せるかどうか」みたいな話も、ちょっとしていたようですけども、やはり、「文法を知っているかどうか」ということが大きいと思うね。

「文法を知らない外国人」が多い英会話学校には要注意

斎藤秀三郎　日本人は、日本に生まれ育ったら、日本語を使えるようになるので、日本語文法、国文法というのは、いちおう学校の一部で教わるんだけど、意外に、あれは、いちばん難しいんだよね。

あそこのところだけは、みんな、できなくて通り過ぎ、試験が終わったら忘れていくことになる。日本語文法を知らなくても、日本語をしゃべれるし、書けるし、読めるから、非常に楽なんだけど、日本人に、「日本語文法をきちんと説明できるか」と言ったらどうか。

例えば、「外国人が、ここにたくさんいます。あなたの頭のなかに入っている日本語文法を、授業をして教えてください」と言ったら、教えられるものではないね。

ただ、日本語文法というものをマスターしておれば、どこの国の外国人が来ても、一定のレベルの日本語を教えることはできるよね。だから、そのへんは、ちょっと気をつけたほうがいいと思う。

やはり、専門として、英語をある程度まで使うとしたら、文法の締め直しは要る。

今、英会話学校が流行《はや》っていて、いろいろなところで、外国人、あるいは、外国に留学したことのある人が英会話を教えているけど、いちばん注意すべきは、やはり文法のところだね。

つまり、文法を知らない外国人が、けっこう出没《しゅつぼつ》していると思うんだ。文法を知らないけど、英語はしゃべれる。ペラペラにしゃべれて、うまいように聞こえるから、それを聞いて、耳で覚えて、まねしてしゃべっていると、自分もしゃべれるようにはなるんだけど、一定以上には行かない。やはり、その人の教養レベルが、文法に裏付けられていなければ、難しいものとかが読めないんですね。

確かに、会話のレベルというのも大事で、それをやらないと仕事ができないんですけども、会話を教わって、「英語ができるようになった」と思い、それで自信満々になっても、実は、文法のレベルのところが固まっていないと、建物で、もう一段の上の階層を建てていくのは難しいと思いますよ。

これは、一つ、考えておいたほうがいいね。

「文法の制覇《せいは》」「単語力の増強」「熟語の制覇」が達人への道

斎藤秀三郎　それから、私は、熟語に関心があったけども、やはり、「熟語」というのは、英語のコンビネーション（組み合わせ）ですよ。ね？

つまり、いろいろな単語の組み合わせ、コンビネーションで、新たな世界をつくり出していくわけね。一つの単語の意味での「一対一」対応ではなく、コンビネーション、すなわち、何語《なんご》かつながった熟語によって、英語の新しい世界をつくっていくので、熟語には非常に関心があったんですけど、「熟語を用いた英文を使える」ということは、やはり、英語の達人への道だろうと思いますね。

要するに、「文法の制覇《せいは》」、それから、もちろん、「単語力の増強」、さらに、「熟語の制覇」をしなければ、英語の達人とは言えないと思いますね。

熟語を知っていると、日本語でも、成句、四字熟語、古典、故事、いろいろありますが、「ここぞ」というときにピシッと引き締まった日本語を書いたり、しゃべれたりするので、非常に有用ですよね。これで引き締まります。口語体だけの日本語だったら、非常にだらけたものになるけども、こうした熟語の部分をキチッと押《お》さえておれば、非常に引き締まりますね。やはり、これはインテリの証明でもあると思うんだね。

だから、本当の英語らしさを身につけようとしたら、熟語本位の例文をたくさん覚えていくことが非常に大事になると思いますね。

「辞書を引いた回数」と「英語力」とは比例する

斎藤秀三郎　それから、今まで言わなかったが、もう一つ、私も辞書に関係した者だから言うけど、やはり、「辞書を引いた回数と英語力とは比例する」ということを知らなきゃいけない。まあ、今は電子辞書とかを引いておるようだから、今の人に言っても「馬の耳に念仏《ねんぶつ》」かもしれないけれどもね。

昔の人たちは、みんな、英語の辞書がボロボロになるまで引いていましたよね。何度も引くことによって、その単語の意味だけを見るのではなく、発音記号を見て、品詞を見て、それから、例文を見て、関連の熟語などを見る。（辞書には）全部出てくるね。

やはり、これを全部読むことが大事で、辞書を引く意味は、そこに書いてある用例や、多角的な説明を読むことにある。それを何度も何度も繰《く》り返す。一回で覚えられないから、何回も何回も引くことで、これを全部覚えていくことが大事だ。

そのように、「辞書を引く回数」と「英語力」とは比例するんだけど、今は、このカルチャーが非常に危なくなっていると思います。単純に、「意味が翻訳《ほんやく》できればいい」ぐらいの、翻訳機械的な発想になっているような感じがするので、それは、「言語の生きた表現力を落とす可能性がかなり高い」と言えると思いますね。

今、日本に外国人が大勢来て、英語を教えてくださっているけども、いちばんの問題は、彼らが、要するに、そこまで厳密に勉強しているかどうかのところだね。その厳密度が足りない。文法、熟語、あるいは、さまざまな用例について、その使い分けができるところまで熟達しているか。単に、耳で覚えた英語をしゃべっているだけか。この違いをよく知らなければいけない。

英会話学校はあまりにたくさんあるので、自分の学力がすごく低ければ、どこへ通っても学力が上がるかもしれないけども、一定以上のものを目指している人にとっては、害になるものもあるので、そのへんを見極《みきわ》めないといけませんね。正統な先生につかないかぎりは、むしろ独学したほうがましなところもありますね。

斉藤　ありがとうございます。

斎藤秀三郎　はい。

6　英語が苦手な人へのアドバイス

英語を「暗記物」と考えるのは間違《まちが》い

仲村　このような機会をお与《あた》えくださいまして、本当にありがとうございます。

　私からは、「英語の初心者が、勉強において引っ掛《か》かるところを、どう乗り越《こ》えるか」ということについてお訊《き》きしたいと思います。

　まず、英語を勉強するときに、最初に壁《かべ》にぶち当たるのが、「どうして、英語と日本語は、こんなに語順が違《ちが》うのか」とか、「どうして、名詞に単数形と複数形があるのか」とか、「どうして、"a《ア》"や"the《ザ》"といった冠詞《かんし》があるのだろうか」とかいうところです。

そのときに、「英語と日本語の違いは面白《おもしろ》い」と思って前に進める人と、「この違いが自分には理解できない」と感じて拒絶《きょぜつ》してしまい、英語アレルギーになってしまう方とがいます。

この最初の壁を突破《とっぱ》するためには、英語に対して、精神的に楽に向き合えることが大切だと思うのですが、そのあたりの秘訣《ひけつ》を教えていただければと思います。

斎藤秀三郎　これはね、やはり、英語を、いわゆる暗記物と同じように考えたら間違いなんだよ。「暗記だ」と思うと、変化を含《ふく》むものを暗記できないところがあるよね。「暗記だ」と考えたら間違いがある。

「文法」の奥《おく》にある「文化の違《ちが》い」を身につけよう

斎藤秀三郎　もちろん、暗記の部分もあるけどね。

ただ、その“a《ア》”とか“the《ザ》”とかから始まって、あるいは、語順にも日本語と違《ちが》うところがあるけれども、これは、単なる「法則」の暗記だけではないんだよ。そうではなくて、そのなかに、やはり、「思考形態の違い」が当然あるわけで、その思考形態の違いは、実は「文化の違い」なんだよね。

つまり、文化が違う。だから、要するに、「英語の文化」まで身につけなければ、英語は使えるようにならないわけね。

なぜ、そういうふうに考えるのか。

要するに、日本人は、“a”や“an《アン》”は付けないのに、彼らは付ける。つまり、彼らには、物を見たときに、「それが一つであるか、複数であるか」を、いちおう区別しようとする傾向《けいこう》があるわけだ。

ところが、日本人の場合は、「犬がいるね」と言っても、その犬が一匹《ぴき》なのか複数なのかは分からないわけね。「人がたくさんいるね」と言っても、「たくさん」って、いったい、どのくらいの量かは分からないけども、英語には、形容詞を付けることによって、それをもう少し厳密にしていく癖《くせ》がある。“a few《アフュー》”とか、“some《サム》”とか、“many《メニー》”とか、“a lot of《アロットオブ》”とか、いろいろ付けることによって差を付けていくわね。

だから、例えば、そういう「数についての厳密さがある」ということを知らなければいけないし、あと、「英語では、相手と自分という、“you《ユー》”と“me《ミー》”あるいは“I《アイ》”の違いを、いつも、はっきりと認識して使われているんだ」ということを知らなければいけない。

日本語では、主語が往々《おうおう》にして省略されるよね。まあ、意味は分かるけども、主語はいったい誰《だれ》なのかが分からない。外国人が聞いて、こちらの日本語が分からないのは、主語が省略されているからだ。ところが、英語は主語をはっきり立ててくる。主語がないと分からないからね。

このように、「一個」か「複数」かの数をはっきりさせてくるところや、主語が「あなた」なのか「彼」なのか「私」なのかを厳密にしてくるところも、文化の一つの違いなんですね。「この文化の違いが、実は、『個人主義』をつくっているんだ」ということを知らなければいけないね。

英語は登場人物やシチュエーションを厳密にする「論理的言語」

斎藤秀三郎　だから、「日本人に個人主義的意識が少ない」「日本人は自己主張ができない」と言われている理由は、そうした「主語を立てない文化」、あるいは、「単数・複数を分けない文化」と関係があるわけですね。これが、日本的文化を曖昧《あいまい》にしている。

要するに、主語を立てれば、責任の主体がはっきりするんですよ。その文の責任がね。つまり、主語のあと、動詞が付いて、「何か動作をした」ということになるわけですけども、「それをしたのは誰であるのか」という、その責任が、主語を立てることによって明確になるんです。“he《ヒー》”なのか“she《シー》”なのか“you”なのか。あるいは、“I”なのか“we《ウィー》”なのか。それとも、“our《アウア》 family《ファミリー》”なのか“his《ヒズ》 family”なのか。これで主体がはっきりするわけですよ。

だけど、日本では、そういうものを曖昧にする。「火事があったんだってね」「火事って怖《こわ》いね」みたいな感じで、いったい、どこで、何の火事があったんだか、分からない。自分の家のなかであったんだか、向かいの家であったんだか、学校で聞いてきたんだか、何だか分からないような文がつくれるわけよ。

だけど、英語は、もう少し、それを厳密にしていくわけね。登場人物やシチュエーションを厳密にしていく、そういう非常に論理的な言語であるわけですね。

「文化の違《ちが》い」をつかめば「英語的な認識」が可能

斎藤秀三郎　英語を学ぶときに困難を感じている人は、実は、「異文化、すなわち日本文化とは違《ちが》う文化についての学習も同時に入っている」ということを理解していない人なんです。

その「異文化の学習が入っている」ということを理解していないために、暗記で済まそうとしている。「疑問文にするときには、必ず、語順を変えて引っ繰《く》り返す」とか、「“not《ノット》”が入ったら、こうなる」とか、「助動詞が入ったら動詞は原形になる」とか、そういうルールの暗記だけを一生懸命《いっしょうけんめい》にやっているんだけども、それをやっているなかに、彼らの文化の違いをマスターしなければいけない。

それで、実際に英語を使ってしゃべる段になると、日本語でしゃべるのと英語でしゃべるのとで、本当は伝わり方が違ってくるよね。翻訳《ほんやく》はできるものの、実際は伝わり方が違ってくる。それは、もう、文の組み立て方が、はっきり違うからね。

それは、「背景にある文化の違いまで、実際は、ついて回ってきているんだ」ということで、その言語を使う国民の文化や歴史についてまで関心を及《およ》ばさないと、実は、分からないわけだね

逆に言うと、異文化としての英語を学ぶことによって、日本語の弱点、および日本人の弱点というものを知ることになるね。

つまり、「責任の所在を明確にしない」というのが、日本の特徴《とくちょう》だ。「責任を曖昧にする」というところね。こういう傾向が非常に強いよね。

だから、逆に言うと、日本人は、そういう意味で「利己主義者ではない」というふうに、自分たちは思いたがっているんだけど、「誰の責任でもない」という文化を非常につくりやすい傾向を持っていますね。

このへんの違いは、やはり、「発想の違い」から来ているわけで、「その発想の違いの元は、『文化の違い』なんだ」ということです。だから、それをつかめば、今度は「英語的な認識」というのができるようになってくるわけね。

「英語の心」に推参《すいさん》するために必要なこと

斎藤秀三郎　まあ、最初に、中学英語あたりで、「これはルールだから覚えなさい！」というふうに、パンッと言われるので、それが呑《の》み込《こ》めなくて拒絶感が出る場合があるわけね。

だから、教えるのが下手な人の場合は、ただただ、「これを覚えろ！」というかたちで必ず言います。「これを引っ繰り返せ！」とか、「これには“es”を付けろ！」とか、とにかく、いろいろ言うわけだけども、やはり、もう少し「英語の心」みたいなものに推参《すいさん》していくことが大事です。

数多くの英文に接したり、英語文化を学んだりしていくうちに、「なぜだろうか」といつも考えていると、見えてくるものが必ずあるんですよね。

例えば、「これは数を数えるのに、なぜ、こちらは数えないか」というようなことは、何となく分かるよね。「木」と言ったら、一本なのか二本なのかが、やはり気になる。「水」と言ったら、水は物質名詞で数えられないから "a" とかは付かないけども、しかし、入れ物に入れたら物質名詞でも数えられる。

そのように、英語というのは非常に論理的なんですよ。非常に論理的で、それを聞けば、スケッチして描《か》けるようにしゃべっているんだ。実はね。英語で説明を受けたら、その状況《じょうきょう》がちゃんと描けるんです。

一方、日本語で説明を受けても、なかなか描けないんですよ。「あの人は、どういう人でしたか」と訊いても、「ああ、なんか、感じのいい人でしたよ」みたいな感じで終わってしまうでしょう？（笑）「感じのいい人」って、どんな人なのか、これでは困るわけね。

しかし、英語の場合は、"why-because《ワイビコーズ》"構文が出てくるわけで、「感じのいい人」だけでは許してくれないわけです。それだけで済まなくて、さらなる追及《ついきゅう》が必ず来るわけですよ。「背が高かったのか、低かったのか」「太っているのか、痩《や》せているのか」「頭のいい人なのか、そうでないのか」「どんな職業の人なのか」などと、厳密に追及が来るわけね。情報量を、もう少し厳密に、正確にしながら、増やしていく傾向があるよね。

英語を学ぶことで「日本語の正体」が分かる

斎藤秀三郎　だから、英語を学ぶことによって、日本人であっても、たぶん、思考の回路は必ず変わってくる。逆に言うと、英語を勉強することによって、ある意味で、初めて「日本語の正体」が分かる。

日本語というものが本当に分かるようになるのは、英語を勉強してからです。英文和訳と和文英訳をやって初めて、「日本語とは何か」が分かるんです。

だから、「日本語の達人になりたかったら、英語の勉強をしなさい」と、逆の意味で言いたい。英語をやらなければ、日本語は本当は分からない。多くの人は、曖昧な日本語で済ましているけれども、実は、語学をやっていない人は、日本語が正確に使えないし、日本語の正体が分からないで済ましていることが多いわけだね。

つまり、実際は、「文化論」のところまで入るんです。これを教えないで、ただただ、「ルールとして、こうなんだ」とだけ押《お》し通していくと、面白くなくなってくるわけですよね。

だって、理科なんかを教えるときには、「ただ暗記しろ!」と言うのではなくて、やはり実験するじゃないですか。実験をして、リトマス試験紙が赤になるか青になるかを見せたり、実際に、酸素と水素を合わせて火をつけたら、パンッといって水ができるところを見せたりすれば、もう、「百聞《ひゃくぶん》は一見《いっけん》に如《し》かず」で、「ああ、こういうことなんだ」と分かる。これは、いわゆる暗記じゃないよね。

同じように、文化としての英語を教えようとすれば、それが、さまざまな用例を見ることになったり、さまざまな文章や本を読むことになったりするわけね。

まあ、そういうことまで教えてくれる先生に出会えば、英語力はグーッと伸《の》びてくるんだけど、それを教えられない人は、「ただ、そのまま覚えろ！」と、必ず、こう来るわけですね。

これが、英語を苦手になっている理由の一つで、「実は、発想が違うんだ。その発想の違いの原点は、『文化の違い』なんだ。異文化を理解しようとする心がなければ、英語はできるようにならない。逆に言えば、外国語を勉強しなければ、本当は、『日本語とは何ぞや』が理解できないんだ」ということを知ることが大事ね。

だから、本当は、英語をやった英語学者のほうが、日本語を正確に読んだり書いたりできるようになるんですよね。

また、英語が入ることによって、日本語も変化したよね。はっきり言って、ずいぶん変化した日本語が出てきましたね。日本語には、もともと、「目的語」とか、「補語」とかいう意識はなかったと思いますし、あるいは、「単数・複数」もなかったと思いますが、英語の影響《えいきょう》で、日本語の文体にも影響は出ているかもしれません。そういう意味で、日本語を知る意味でも英語は必要ですね。

「奴隷《どれい》の学習」にならないための注意点

斎藤秀三郎　まあ、もとは発想の違いだし、文化の違いだということです。ここまで教養を持っている先生に教われば、英語は、とっても分かるようになっていくけど、そこまで行かないレベルの教師が多いために、「ただ、やれ！」という作業のレベルだけにしてしまうと、やはり、これが「奴隷《どれい》の学習」になるわけですよ。

例えば、高度な人は、船に乗ったら、「この船はどこへ向かっているのか」ということを、やはり知りたいよね。世界一周クルーズをやっているんだったら、「どこの港に寄って、どこの国を回って、世界を一周するか」を、ちゃんと知りたいよね。新しい島や国に来たら、景色も見たいよね。

ところが、昔のガレー船ではないけども、船底《せんてい》にいて、鎖《くさり》でつながれ、ただただ労力として漕《こ》いでいるだけの奴隷たちは、いったい、今、自分がどこを漕いでいるかも分からず、「『ただ、漕げ！』と言われて漕いでいます。食料をもらいながら、力尽《つ》きるまで漕いでいます」という状態ですね。

こういう状態の修行《しゅぎょう》が長いと、やはり面白くなくなるよね。まあ、そういうことはあるかもしれませんね。

あと、本人の知的欲求レベルの問題は、当然、あるかもしれません。数学だって、そういう意味での暗記はできないでしょう？　やはり、変化していくものね。「法則を理解して覚える」ということは大事だけど、その理解のところが実に難しいですよね。

例えば、疑問文に変えた場合、小文字だったものが、文頭に来たら大文字になる。まことに不思議なルールではあるけども、実際に、新聞でも本でも何でもいいですが、文頭が小文字で始まっている英文を読んでみたら、それが難儀《なんぎ》であることがよく分かります。

文頭が大文字であることで、新しい主張が始まることをアピールしているわけですよ。そういうことを教えれば、もう間違わなくなるけど、単に、「引っ繰り返せ！」とだけ教えたら、やはり、間違うようになるわけですね。

仲村　ありがとうございます。

「品詞」をきちんと理解しよう

仲村　「文法の奥《おく》にある文化のところにまで関心を持って、勉強することが大切だ」と教えていただいたのですが、文法のルールをきちんと頭のなかに入れていることも大切だと思います。つまり、文法が体系立って頭のなかに入っていれば、文脈から推理して、文の内容を理解するときにも役立つと思うのです。

そこで、文法を体系立って頭のなかに入れるコツを教えていただけますでしょうか。

斎藤秀三郎　そうだねえ。まず、日本人がいちばん弱いのは、「品詞の概念《がいねん》」かな。品詞は、最初に習うんだけど、忘れるんだよね（笑）。品詞って、最初ちょっと習うんだけど、忘れちゃう。もちろん、それは、日本語の文法を習っても忘れるのと同じではあるんだけど、まあ、八品詞を習っても、忘れちゃうんだよね。英語が難しく感じる理由のほとんどは、ここだ。まあまあ、名詞ぐらいは分かる。名詞、動詞は、だいたい理解できるんだけど、助動詞あたりから、ちょっと分からなくなるんだね。「助動詞って何だろう?」というあたりが分からなくなる。

・「自動詞と他動詞の違《ちが》い」を押《お》さえる

斎藤秀三郎　それと、やっぱり、目的語、補語だね。実は、英文法の理解を妨《さまた》げている、日本人にとって分かりにくいところは、この目的語と補語なんです。この品詞分解ができないために、英語が分からないんですね。

それは、ある意味では、「自動詞と他動詞の区別がつかない」というところです。自動詞、他動詞っていうのは、日本語では何か、はっきりしないんですよ。だから、「他動詞は目的語を取る。自動詞に目的語は要《い》らない」とか言われて、そのような気はするけど、実際問題になったら、よく分からないので、目的語なしに他動詞を使って間違《まちが》いになる。自動詞なら（目的語は）要らない。うーん、難しいですよね。

“run《ラン》”（走る）という言葉だったら、別に目的語がなくても構わないけど、日本語だったら、「走る」にだって、目的があってもいいような気がするよね。お台場《だいば》マラソンを走るとか（笑）、「『走る』にだって、ちゃんと目的語が要るじゃないか」みたいな感じが、日本語ではあるんですがね。

まあ、そのへんの、目的語と補語、あるいは自動詞と他動詞、こうした違いが分かりにくい。

・主語が単数か複数かで「動詞の語尾《ごび》」が変わるメリット

斎藤秀三郎　それから、主語が複数か単数かによって、動詞の語尾《ごび》が変わるあたりにも、とても難しい感じがありますね。「動詞の語尾が変わる。要するに、単数だったら、"s"か"es"が付くが、複数だったら付かない」と言うけども、英語の場合、主語が文頭に来るから、主語を聞き逃《のが》すことが、ちょっと、あるんですよ。

しかし、そのときでも、動詞を聞いたときに、単数だったか複数だったかが分かるんです。最初の言葉って、聞き取れない場合がたまにあるんですね。そのときでも、後ろの動詞を聞けば、主語が分かるわけです。単数だったか複数だったか、分かってくるわけですね。

・英語には、「伝えたいものを先に出す」傾向《けいこう》がある

斎藤秀三郎　また、例えば、「助動詞を使った場合、助動詞は過去形でも、動詞は原形になる」というのがあるよね。まあ、「助動詞」っていう訳し方がいいかどうかは知らないけども、助動詞は、「動詞を助ける」という意味ではあるものの、助ける以上に、本当は、強調するものであるので、基本的には、強調動詞なんだよ。

つまり、この段階で、“do《ドゥ》”とか“did《ディッド》”とか言って、はっきりと時制を出してやったほうが、よく理解ができるわけだね。

英語には、伝えたいものを先に出す傾向《けいこう》があるので、助動詞として、「それが現在なのか、過去なのか」をはっきり出してしまう。その助動詞のあとに、「“not”が付くか、付かないか」っていうのがはっきりしてから、動詞が来る。

だから、動詞は使わなきゃいけないんだけど、「走る」という動詞でも、「走ったのか」「走らなかったのか」ということは、英語にとって非常に大事なことなんですよ。それから、「私が走ったのか」「彼が走ったのか」という主語の違い、あるいは、「走るのか」「走ろうとするのか」ということも非常に大事なことなので、「それらを先に出してくる」という順序があるわけですね。

やはり、このへんの感覚をつかむことが大事です。

英語ができない人の場合は、たいてい、品詞の使い方で混乱します。「この八品詞のところが分からない」ということでね。

これは、思考の形態とも関係があるので、やはり、決定的に、「ある意味での日本語論を、逆の立場から見る」ということになるね。

仲村　ありがとうございます。

7　最後は「志」だ！

「志」こそがチャレンジ精神やハングリー精神の源《みなもと》

仲村　斎藤先生は、最初のほうで、「艱難辛苦《かんなんしんく》に挑《いど》むことに生きがいを感じていた」とおっしゃっていましたが、一般的《いっぱん》には、「最近の若者には、チャレンジ精神が少ない。ハングリー精神が足りない」とも言われています。そこで、チャレンジ精神やハングリー精神の源《みなもと》を教えていただければと存じます。

斎藤秀三郎　これは、人の食欲に似たものがあってね。「どのくらい食べたいか」というのは、やはり、それぞれ差があるので、まあ、しかたがないです。「どの程度の理解で、満足できるか」「どの程度、学習して知れば、自分が満足できるか」、すなわち、研究心、探究心には、人によって差があることは事実だね。

でも、その底にあるものは何かと言えば、やはり、「志」だろうね。つまり、「どの程度まで、志があるか」ということが、その原動力になるよね。だから、「自分の志」だね。

先ほど、なんか、ちょっと説明してたけども、「英語使いたちが、それをもって何をしたか」ということがあると、「そういうふうになりたい」と思う人は、やはり、それに近づいていこうと努力するよね。

一方、学校の勉強に対して受け身で、「とにかく卒業しなきゃいけない」とか、「進級しなきゃいけない」とか、「できたらテストでいい点を取って、人より尊敬されたい」というレベル、あるいは、「大学に入りたい」というぐらいの動機だけでしたら、なかなか、そんなには続かない。

その「大学に入りたい」という動機だけで、「できるだけ手短に教えてくれ。できるだけ楽に受かる方法を教えてくれ。時間は少なければ少ないほどいい。一週間かかるものを三日に、三日を一日に、一日を一時間に、十枚を一枚にして、簡単に受かる方法を教えてくれ。とにかく入れさえすれば、それで成功なんだから」という価値観を持ってる人にとっては、もう、「できるだけ手抜《てぬ》きが本道《ほんどう》」ということになるよね。

まあ、そういう人は大勢いると思うし、確かに、実社会でも、「手抜きをしてでも結論を早く出せる、仕事のできる人が優秀《ゆうしゅう》に見える」ということも、現実にはあります。そういうショートカット（近道）をいつも求める人のなかには、「頭のいい人」と考えられる人も、たくさんいることはいる。

ただ、志のレベルで、「自分は、ここまでやれるようになりたいんだ」と。例えば、先ほど言っていた鈴木大拙《すずきだいせつ》という人は、禅《ぜん》を英語で世界に伝えようとした。

そのレベルを自分の目標として置くとしたら、「生半可《なまはんか》な、学校の英語のレベルぐらいでは、行かない」ということは、当然、分かることです。

学校の英語を卒業したあと、当然、英会話もやらなければいけないけど、それだけでも駄目《だめ》で、さらに、仏教なんかの英訳本も読まなければいけないし、語彙《ごい》を覚えても、それをそのまま話したって通じないから、他の言葉で説明できるだけの豊富な比喩《ひゆ》力というか、たとえ話等を出せるだけの英語力も必要になる。だから、「一定の教養としての英語を読んでなければ、そうはならない」ということは分かってきますよね。

だから、志です。志が、「学校に入ればいい」というレベルか。あるいは、「この会社に就職できればいい」というレベルか。「会社に入って、英語が使えるセクションに行ったら、給料が百万円高くなるから、それでいい」というレベルなのか。まあ、そういうところかね。

本当の学問は「時間無制限」「リングなし」の世界

斎藤秀三郎　今は、TOEIC《トーイック》とか、いろんなところで英語力が測られているようだけども、ああいうものは、受けている人が何十万人も何百万人もいるところから見ても分かるように、一種のセンター試験みたいなものなんだからね。

つまり、センター試験みたいな英語力の測り方だから、本当にプロとしての仕事をしようとするレベルとしては、やはり、ああいうものを超《こ》えていかねばならない。あれは、大勢の人間の学力を一律に簡単に測ろうとしているメジャー（物差し）だからね。

最初、それは、自分の動機づけとしてはいいと思うけれども、「それで終わりじゃないよ」ということは知っておいたほうがいいね。

だから、実際に必要なことは、教えてくれないというか、テストにも出ないところです。それは、自分で開発し、探検しなきゃいけないところであり、未知の領域をパイオニア的に拓《ひら》いていかなければならないんだね。

やはり、「知的好奇心《こうきしん》」「関心」、それから、「情熱」というものは、ほかの人に何か伝えたいものがあるときに、湧《わ》いてくるものだね。だから、そういう人生観が全部出てくると思うんだよ。

まあ、ＴＯＥＩＣとか、英検とかには、テクニックで、かなり楽に行けるところがあろうかとは思う。それは、便法《べんぽう》として、長い受験の歴史のなかで、できてきているものだから、便利なものかもしれないけど、それでもって、「頭がいい」と考えているレベルではねえ……。ここには、受験の弊害《へいがい》の部分があると思うよ。

要するに、「本当の学問は、実は、時間無制限、リングなしの世界だ」ということですね。リングの広さはなく、時間の制限もない。そういう戦いが、本当の戦いなんです。まあ、そういうものなので、最後は、やはり、「志」の問題になるかね。

英語学習は「時間」と「根気」の勝負

斎藤秀三郎　それと、言い忘れていたけども、英語というのは、特に、上達したければ、やはり、「反復」「継続《けいぞく》」、それから、まあ、ほとんど一緒《いっしょ》だけど、「繰《く》り返し」といったものが要《い》るわけだね。

要は、「続けていくことが大事だ」ということだと思いますね。学力は、あっという間に消えていくものですからね。

まあ、いろんな資格試験を目標にして勉強することも大事だと思いますけども、「それを超えなければいけないものもある」ということを知らなきゃいけないですね。

「自分なりのパイオニア精神を持って、さらに行かなければいけないところがある。やはり、道なき道を開拓《かいたく》しなければいけない。その前の段階として、学校英語なり、受験英語なりがある」ということだね。まあ、そう思わないといけない。

もう、今は、「ほかの科目もある加減で、時間を短くしたい」とか、そういう手合いが多いと思うんですよ。だから、テクニックを教えるようなところが流行《はや》ったり、繁盛《はんじょう》したりするんだろうとは思うけども、まあ、「それは、まったく無駄だ」とは、私は言いませんが、本当に深く勉強した人に教わりますと、そんなものでは済まなくなってくるんですよね。絶対に済まなくなる。やはり、反省をしなきゃいけなくなってきます。「そんなものではない」ということが分かってくるようになりますね。

ある意味で、王道はない。まあ、時間はかかりますよ。とにかく、「時間」と「根気」の勝負です。あらゆる場所を「学習部屋」と考えて、やり続けなければ駄目ですね。

やり続ければ、英語は必ず「楽しみ」に変わる

斎藤秀三郎　だから、「英語の単語をこんなに覚えなきゃいけない。大変だあ」などと言っているあたりでは駄目で、自分がまだ覚えてない未知の単語が出てきたら、「ああ、これは、おいしいな」と思わなきゃいけない。

「おいしい新しい単語が出てきた。まだ覚えてない単語が、今日、出てきた。これは、おいしいなあ」と、まあ、デザートでイチゴが出てきたような気持ちで、そう思わなきゃいけないね。

「あっ、これは、おいしい単語だ。一個ペロッと食べた。次は、バナナが一切《ひとき》れ出てきた。ああ、おいしい。ああ、この単語はおいしい。この熟語はおいしいなあ」っていう感じですね。「この文法は知らなかったけど、今日、覚えた。こ

れは、おいしかったな」っていう感じが欲《ほ》しいですね。

だから、「人に測られ、測定されて、成功を認定されるレベル」というのは、まあ、子供のレベルだと思います。社会人のレベルは、そのレベルではないと思いますよ。そこまで行かなければいけないですね。

まあ、基本的に、好きな者には勝てないけれども、長くやっているものは、好きになることも事実ですよ。山登りだって、くたびれるよね。筋肉痛を起こして痙《けい》攣《れん》するし、疲《つか》れるけど、やはり、やっていると面白《おもしろ》くなってくる。水泳だって、体がくたびれるけど、やっていると面白くなる。マラソンだって、走っているとつらいけど、何回も、ずっとマラソンをやっていると、走るのが楽しくなってくる。

それと同じようなもので、一定の時間、繰り返してやっていると、苦しく感じるものが「楽しみ」に変わってくるときがあるんだよね。

だから、英語で退転《たいてん》する方、壁《かべ》が超えられない方は、その「苦しみ」が「楽しみ」に変わるところまで、まだ経験が行ってないんだよ。だけど、これは、「楽しみ」に変わってくるんですよ。必ず、その段階は来るのでね。

それを知っていただければ、私が言うように、「うわっ！　新しい単語が出てきた。面白い！」っていう感じが分かるようになる。

「これには冠詞《かんし》の"a《ア》"が付くけど、これは"an《アン》"なんだ。これには"the《ザ》"が付くんだ。面白いなあ。なんで"the"が付くんだろうな？　なるほど。これは、もう、ほかにないからだ。特別で、これを特定したくて、"the"を付けているんだな。なるほど。そういうふうに考えるんだ」っていう感じで、面白くなってくるわけだ。

そのへんの、「おいしいなあ」という感じを、できたら知っていただきたいね。

私は、「娘《むすめ》の結婚式《けっこんしき》にも出てこない」と思われていたような父親だから、「英語の虫」みたいな人間ですよ。「英語の便所虫」と言ったら、下品かな。まあ、そのような人間ですけども、やはり、「一つの頂《いただき》を極《きわ》めるのは、それほど難しいことだが、逆に、楽しいことでもある」ということだね。

だから、「中途半端《ちゅうとはんぱ》で満足できる人がうらやましい」と言えば、うらやましいけども、そういう人は、「ほどほどの人生で幸福だ」という人生観を守ることだね。

しかし、「もう少し、人に大きな影響《えいきょう》を与《あた》えるような仕事をしたい」と思えば、その苦しみを楽しみに変えるところまで努力しないと、やはり駄目だと思います。

「単語を一個一個、楽しんで覚えていこう。単語だけでは物足りないから、例文も一緒に覚えたい」と、そのくらいの意欲が欲しいものだね。

「細切れの時間」の積み重ねを続けよう

斎藤秀三郎　最初に言ったように、英語を難しく感じる理由は、「発想の部分と文化の部分の違《ちが》い」が分からず、その切り替《か》えができないからです。

また、つまずきの最初は、さっき言ったように、「八品詞」の理解ができていないことです。その考え方ができないからですね。最初に学ぶけど、すぐ忘れてしまっているためなんですね。

まあ、覚えると楽しいと思うし、一つの世界が開けると思う。ただ、世界に通じるレベルまで行く人は、日本人でも、本当に数は少ないですから、「それ相応の努力をしないと駄目だ」ということです。

でも、それも、みな、「細切れの時間」などの積み重ねが大きいんです。特に、単語や熟語等（の暗記）は、もう細切れ時間の積み重ねです。これをずーっと続けていくことが大事だと思いますね。

まあ、耳から覚えて、口でしゃべるだけのところで満足できる人は、それで結構かと思いますけども、知的生産物を残すところまでは行かないはずです。やはり、机に向かっての努力をしなかった人は、たぶん、そこまでは行けないと思いますので、何らかの「人ができない努力」を、ちょっとはしていただきたいと思いますね。

これは、「英語屋」の話ですし、他の学問をやった人は違うことを言うかもしれないですけど、まだ、ニーズはあると思います。

英語をやることで、世界が広がることは数多くあると思うし、英語は、日本人の島国根性《こんじょう》を抜け出すためにも、ぜひとも、やっておいてほしい言葉の一つですね。

仲村　ありがとうございます。

武田　本日は、ご指導、まことにありがとうございました。

斎藤秀三郎　はい。

大川隆法　（斎藤秀三郎に）ありがとうございました。

8　「斎藤秀三郎の霊言《れいげん》」を終えて

大川隆法　こういう方でした。本当は、もう少し厳しい方でしょうが、質問者のうち二人が女性だったので、優《やさ》しかったのかもしれません。

辞書をつくるのは大変で、もう、ため息が出るような仕事でしょう。寸暇《すんか》を惜《お》しんで、ずっと、やり続けなければ、できないことですからね。まあ、そのようになれないのが、普通《ふつう》かもしれません。

日本人には、英語で一定のレベルを超《こ》える人がなかなかいません。斎藤秀三郎さんは、「中《ちゅう》の上《じょう》はたくさんいる」という言い方をしていましたが、英語を使って仕事ができるところまでは、何とか行きたいものです。

（質問者に）頑張《がんば》ってくださいね。

それでは、今日は、このくらいにしましょうか。

あとがき

道を究《きわ》めた人の言葉は貴重である。私自身の霊言形式でなければ、私自身が斎藤秀三郎先生に叱って頂きたかったぐらいである。「そんな英語でどうする。そんな学力で世界に通用するか。」と。

英語も、少なくとも私の人生にとっては、世に認められ、活躍の舞台を広げる意味で強力な武器となった。

すでに「幸福の科学学園中学・高校」を関東と関西の二校開いて、二〇一五年には、千葉に、「幸福の科学大学」を開学する予定だが、その推進力にもなっている。国際伝道でも勇気を与えられた。ローマ・バチカンのフランシス新法王が朝の祈りの際に、原稿なしで五分～十分話すことがあるので、教義が混乱しないか大騒動が起き、イタリアの新聞は、法王が恥をかかないよう動詞の間違い直しに神経をすり減らしていることが雑誌「TIME《タイム》」の記事にのっていたが、妻は、「ウチの先生は、原稿なしで一時間半、二時間と英語の生説法ができるのにねえ?」と不思議そうな顔をした。私の背中に冷汗が流れているとも知らずに。
とにかく、語学学習に終わりはないということだ。

二〇一三年　七月三十日

幸福《こうふく》の科学《かがく》グループ創始者兼総裁《そうししゃけんそうさい》　大川隆法《おおかわりゅうほう》

『英語界の巨人・斎藤秀三郎が伝授する 英語達人への道』 大川隆法著作関連書籍

『英語が開く「人生論」「仕事論」』（幸福の科学出版刊）

『渡部昇一流・潜在意識成功法
　――「どうしたら英語ができるようになるのか」とともに――』（同右）

英語界《えいごかい》の巨人《きょじん》・斎藤秀三郎《さいとうひでさぶろう》が伝授《でんじゅ》する
英語達人《えいごたつじん》への道《みち》

2013年8月11日　初版第1刷

著　者　　大《おお》川《かわ》隆《りゅう》法《ほう》

発行所　　幸福の科学出版株式会社
〒107-0052 東京都港区赤坂2丁目10番14号
TEL(03)5573-7700
http://www.irhpress.co.jp/
印刷・製本　株式会社 堀内印刷所

落丁・乱丁本はおとりかえいたします

ISBN978-4-86395-373-4 C0082
写真：アフロ　イラスト：水谷嘉孝

大川隆法 ベストセラーズ・英語達人を目指して

英語が開く「人生論」「仕事論」

知的幸福実現論

あなたの英語力が、この国の未来を救う——。国際的な視野と交渉力を身につけ、あなたの英語力を飛躍的にアップさせる秘訣が満載。

- 幸福の科学の「英語教育」に込めた願い
- 「受験英語」か「実用英語」か
- とにかく「語彙」を増やそう
- 英語のままに考え、聴き、話す ほか

1,400円

渡部昇一流・潜在意識成功法

「どうしたら英語ができるようになるのか」とともに

英語学の大家にして希代の評論家・渡部昇一氏の守護霊が語った「人生成功」と「英語上達」のポイント。「知的自己実現」の真髄がここにある。

- ◆ 中高生にとっての「英語学習法」
- ◆ 社会人が改めて英語を学ぶ際のポイント
- ◆ 英語学習は「ボケ封じ」に効く
- ◆「自己実現」を考える若者へのアドバイス ほか

1,600円

※表示価格は本体価格(税別)です。

大川隆法ベストセラーズ・英語説法・英語霊言

Power to the Future
未来に力を

英語説法集
日本語訳付き

予断を許さない日本の国防危機。混迷を極める世界情勢の行方――。ワールド・ティーチャーが英語で語った、この国と世界の進むべき道とは。

1,400円

サッチャーのスピリチュアル・メッセージ
死後19時間での奇跡のインタビュー

フォークランド紛争、英国病、景気回復……。勇気を持って数々の難問を解決し、イギリスを繁栄に導いたサッチャー元首相が、日本にアドバイス！

英語霊言
日本語訳付き

1,300円

バラク・オバマのスピリチュアル・メッセージ
再選大統領は世界に平和をもたらすか

弱者救済と軍事費削減、富裕層への増税……。再選翌日のオバマ大統領守護霊インタビューを緊急刊行！日本の国防危機が明らかになる。
【幸福実現党刊】

英語霊言
日本語訳付き

1,400円

大川隆法ベストセラーズ・理想の教育を目指して

ミラクル受験への道

「志望校合格」必勝バイブル

受験は単なるテクニック修得ではない!
「受験の意味」から「科目別勉強法」まで、
人生の勝利の方程式を指南する、目から
ウロコの受験バイブル。

第1章　ミラクル受験への道
第2章　大学受験と人生の成功
第3章　受験で迷わないための
実践アドバイス【質疑応答編】

1,400円

真のエリートを目指して

努力に勝《まさ》る天才なし

幸福の科学学園で説かれた法話を収録。
「学力を伸ばすコツ」「勉強と運動を両立させる秘訣」など、未来を拓く心構えや勉強法が満載。

第1章　信仰と天才
第2章　勉強と心の修行
第3章　心と霊界の関係
第4章　真のエリートを目指して

1,400円

大川隆法 霊言シリーズ・悪質ジャーナリズムの過ちを正す

「仏説・降魔経」現象編——「新潮の悪魔」をパトリオットする

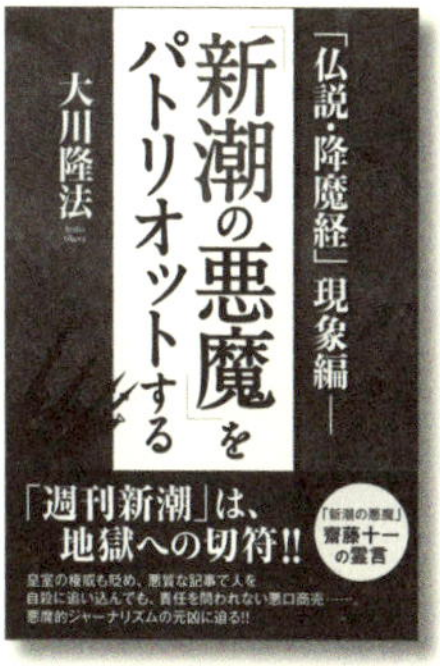

「週刊新潮」「FOCUS」を創刊し、新潮社の怪物と称された齋藤十一の霊が、幸福の科学を敵視する理由を地獄から激白！

1,400円

人間失格——新潮社 佐藤隆信社長・破滅への暴走

今度は、幸福の科学学園の捏造記事を掲載。ウソの記事でターゲットを社会的に抹殺しようとする、「週刊新潮」の常套手段を暴く！

1,400円

徹底霊査 「週刊新潮」編集長・悪魔の放射汚染

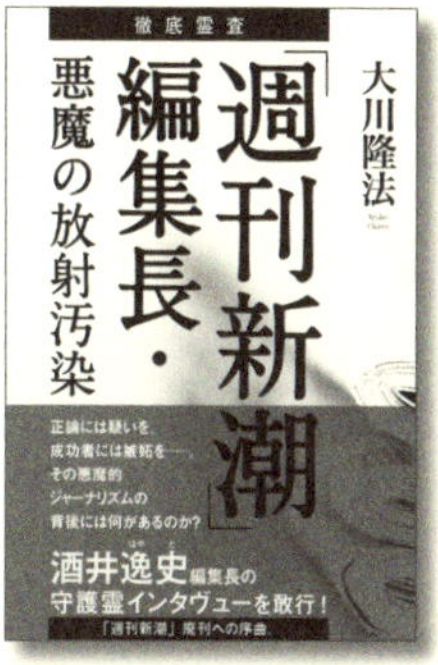

「週刊新潮」酒井逸史編集長の守護霊インタヴュー！ 悪魔と手を組み、地に堕ちた週刊誌ジャーナリズムの実態が明らかになる。

1,400円

大川隆法霊言シリーズ・マスコミの本音を直撃

池上彰の政界万華鏡
幸福実現党の生き筋とは

どうなる参院選? どうする日本政治? 憲法改正、原発稼働、アベノミクス、消費税増税……。人気ジャーナリストの守護霊が、わかりやすく解説する。

1,400円

ニュースキャスター 膳場貴子の スピリチュアル政治対話
守護霊インタビュー

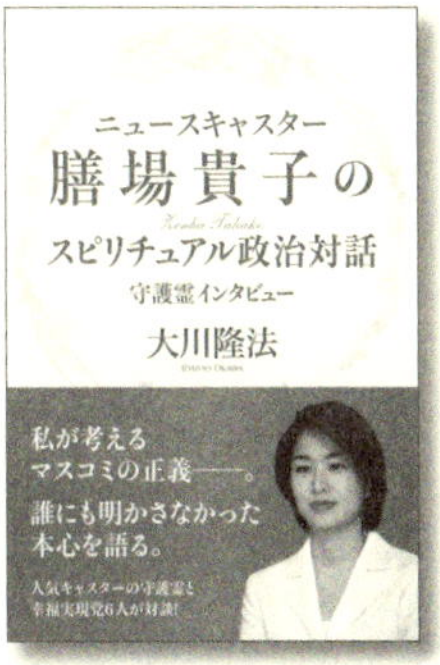

この国の未来を拓くために、何が必要なのか? 才色兼備の人気キャスター守護霊と幸福実現党メンバーが、本音で語りあう。
【幸福実現党刊】

1,400円

筑紫哲也の大回心
天国からの緊急メッセージ

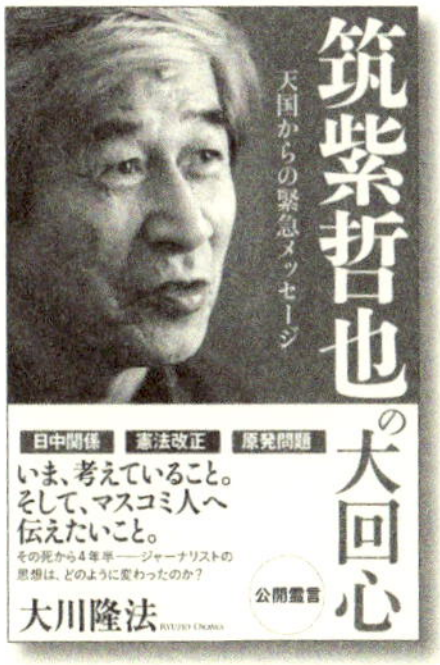

筑紫哲也氏は、死後、あの世で大回心を遂げていた!? TBSで活躍した人気キャスターが、いま、マスコミ人の良心にかけて訴える。
【幸福実現党刊】

1,400円

幸福の科学グループのご案内

宗教、教育、政治、出版などの活動を通じて、地球的ユートピアの実現を目指しています。

宗教法人　幸福の科学

一九八六年に立宗。一九九一年に宗教法人格を取得。信仰の対象は、地球系霊団の最高大霊、主エル・カンターレ。世界百カ国以上の国々に信者を持ち、全人類救済という尊い使命のもと、信者は、「愛」と「悟り」と「ユートピア建設」の教えの実践、伝道に励んでいます。

（二〇一三年八月現在）

愛

幸福の科学の「愛」とは、与える愛です。これは、仏教の慈悲《じひ》や布施《ふせ》の精神と同じことです。信者は、仏法真理をお伝えすることを通して、多くの方に幸福な人生を送っていただくための活動に励んでいます。

悟り

「悟り」とは、自らが仏の子であることを知るということです。教学《きょうがく》や精神統一によって心を磨き、智慧《ちえ》を得て悩みを解決すると共に、天使・菩薩《ぼさつ》の境地を目指し、より多くの人を救える力を身につけていきます。

ユートピア建設

私たち人間は、地上に理想世界を建設するという尊い使命を持って生まれてきています。社会の悪を押しとどめ、善を推し進めるために、信者はさまざまな活動に積極的に参加しています。

国内外の世界で貧困や災害、心の病で苦しんでいる人々に対しては、現地メンバーや支援団体と連携して、物心両面にわたり、あらゆる手段で手を差し伸べています。

年間約３万人の自殺者を減らすため、全国各地で街頭キャンペーンを展開しています。

公式サイト **www.withyou-hs.net**

ヘレン・ケラーを理想として活動する、ハンディキャップを持つ方とボランティアの会です。視聴覚障害者、肢体不自由な方々に仏法真理を学んでいただくための、さまざまなサポートをしています。

公式サイト **www.helen-hs.net**

INFORMATION

お近くの精舎・支部・拠点など、お問い合わせは、こちらまで！

幸福の科学サービスセンター

TEL. 03-5793-1727（受付時間 火～金：10～20時／土・日：10～18時）

宗教法人 幸福の科学 公式サイト happy-science.jp

教育

学校法人　幸福の科学学園

学校法人 幸福の科学学園は、幸福の科学の教育理念のもとにつくられた教育機関です。人間にとって最も大切な宗教教育の導入を通じて精神性を高めながら、ユートピア建設に貢献する人材輩出を目指しています。

幸福の科学学園

中学校・高等学校（那須本校）

2010年4月開校・栃木県那須郡（男女共学・全寮制）

TEL **0287-75-7777**

公式サイト **happy-science.ac.jp**

関西中学校・高等学校（関西校）

2013年4月開校・滋賀県大津市（男女共学・寮及び通学）

TEL **077-573-7774**

公式サイト **kansai.happy-science.ac.jp**

幸福の科学大学（仮称・設置認可申請予定）

2015年開学予定

TEL **03-6277-7248**（幸福の科学 大学準備室）

公式サイト **university.happy-science.jp**

仏法真理塾「サクセスNo.1」

小・中・高校生が、信仰教育を基礎にしながら、「勉強も『心の修行』」と考えて学んでいます。

TEL **03-5750-0747**（東京本校）

不登校児支援スクール「ネバー・マインド」

心の面からのアプローチを重視して、不登校の子供たちを支援しています。
また、障害児支援の「**ユー・アー・エンゼル！**」運動も行っています。

TEL **03-5750-1741**

エンゼルプランV

幼少時からの心の教育を大切にして、信仰をベースにした幼児教育を行っています。

TEL **03-5750-0757**

NPO 活動支援

学校からのいじめ追放を目指し、さまざまな社会提言をしています。また、各地でのシンポジウムや学校への啓発ポスター掲示等に取り組むNPO「いじめから子供を守ろう！ネットワーク」を支援しています。

公式サイト **mamoro.org**

相談窓口 **TEL.03-5719-2170**

ブログ **mamoro.blog86.fc2.com**

政治

幸福実現党

内《ない》憂《ゆう》外《がい》患《かん》の国難に立ち向かうべく、二〇〇九年五月に幸福実現党を立党しました。創立者である大川隆法党総裁の精神的指導のもと、宗教だけでは解決できない問題に取り組み、幸福を具体化するための力になっています。

党員の機関紙
「幸福実現NEWS」

TEL 03-6441-0754
公式サイト hr-party.jp

出版メディア事業

幸福の科学出版

大川隆法総裁の仏法真理の書を中心に、ビジネス、自己啓発、小説など、さまざまなジャンルの書籍・雑誌を出版しています。他にも、映画事業、文学・学術発展のための振興事業、テレビ・ラジオ番組の提供など、幸福の科学文化を広げる事業を行っています。

TEL 03-5573-7700
公式サイト irhpress.co.jp

入会のご案内

あなたも、幸福の科学に集い、ほんとうの幸福を見つけてみませんか？

幸福の科学では、大川隆法総裁が説く仏法真理をもとに、
「どうすれば幸福になれるのか、また、
他の人を幸福にできるのか」を学び、実践しています。

入会

大川隆法総裁の教えを信じ、学ぼうとする方なら、どなたでも入会できます。入会された方には、『入会版「正心法語」』が授与されます。（入会の奉納は1,000円目安です）

ネットでも**入会**できます。詳しくは、下記URLへ。
happy-science.jp/joinus

三帰《さんき》誓願《せいがん》

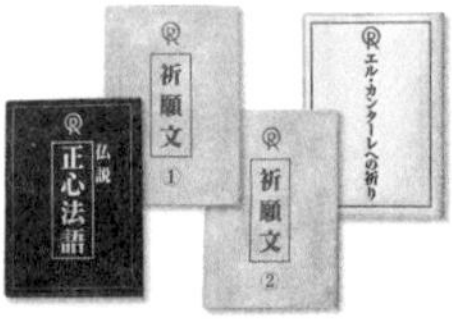

仏弟子としてさらに信仰を深めたい方は、仏・法・僧の三宝への帰依を誓う「三帰誓願式」を受けることができます。三帰誓願者には、『仏説・正心法語』『祈願文①』『祈願文②』『エル・カンターレへの祈り』が授与されます。

植福《しょくふく》の会

植福は、ユートピア建設のために、自分の富を差し出す尊い布施の行為です。布施の機会として、毎月1口1,000円からお申込みいただける、「植福の会」がございます。

「植福の会」に参加された方のうちご希望の方には、幸福の科学の小冊子（毎月1回）をお送りいたします。詳しくは、下記の電話番号までお問い合わせください。

月刊「幸福の科学」

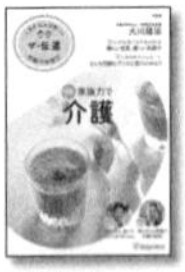
ザ・伝道

ヤング・ブッダ

ヘルメス・エンゼルズ

INFORMATION
幸福の科学サービスセンター
TEL. **03-5793-1727**（受付時間 火～金：10～20時／土・日：10～18時）
宗教法人 幸福の科学 公式サイト **happy-science.jp**